BALCON GOURMAND ULTRA-SIMPLE

JEAN-MICHEL GROULT

BALCON GOURMAND ULTRA-SIMPLE

ulmer

Sommaire

LES BASES POUR RÉCOLTER EN POT

Avant de déguster, il va falloir faire pousser ! Tenir un plant de légume ou un arbre fruitier n'est pas difficile. Il suffit de faire les bons choix de départ et de s'organiser.

La vie en pot

Un légume ou un fruit, c'est une contrainte de plus qu'une simple plante décorative dans son pot. Car il lui faut tout pour arriver à produire. Ne manquez pas l'essentiel !

L'EAU, PAS QUE DU CIEL
La pluie qui tombe est idéale car elle est gratuite et de la meilleure qualité pour les plantes (même en ville). Mais ce n'est pas suffisant. Une plante en pot a besoin de toute l'eau nécessaire, et les légumes sont particulièrement soiffards.
Les besoins des arbres fruitiers se rapprochent des arbustes que l'on cultive en pot. Pour tout ce petit monde, il faudra prévoir des arrosages supplémentaires, automatiques ou à la main (voir pp. 20-21).

LA TERRE, LE POINT VITAL
Une plante n'a pour pousser que ce que son pot lui offre. Or les légumes sont très exigeants sur ce point. Leurs racines sont volumineuses (comparées aux plantes décoratives) et il leur faut souvent un grand volume de substrat/terreau pour bien pousser. Sinon, il faudra leur donner de l'engrais. Et certains légumes peuvent vivre uniquement avec de l'eau et des engrais (voir pp. 16-17).

DES BESOINS SIMPLES MAIS ESSENTIELS

LA LUMIÈRE : ON FAIT AVEC

À moins d'avoir la chance de disposer de plusieurs expositions autour de son habitation, on doit composer avec l'exposition. Un rebord de fenêtre au nord, qui ne voit jamais le soleil, n'est pas incompatible avec la culture des légumes, mais la palette sera plus restreinte. Là, n'espérez pas y récolter de tomate. En plein sud, là où les murs font chauffer en été, ce seront les plus sensibles comme les salades qu'il faudra abriter. Et aux autres expositions, tout vous est permis !

LES BONS MOTS

Mi-ombre : situation qui reçoit un peu de soleil en journée (3 h en été), mais peu en hiver. Va bien à de nombreux légumes, mais pas tous.

Terreau ou substrat : c'est la terre que l'on achète en sac. La qualité varie beaucoup d'une marque à l'autre. Il ne doit être ni pâteux, ni poussiéreux. Le prix reflète toujours la qualité.

Drainage : c'est la faculté à laisser l'eau s'écouler, autant pour un pot (sans trou, pas de drainage) ou le substrat (trop collant, il est peu drainant). Les légumes et les fruits détestent le mauvais drainage.

L'outillage indispensable

UNE PANOPLIE RÉDUITE

Une jolie panoplie design, c'est bien mais ce n'est vraiment pas indispensable. Seuls quelques outils vous faciliteront le travail, mais une grosse fourchette pourra même faire l'essentiel !

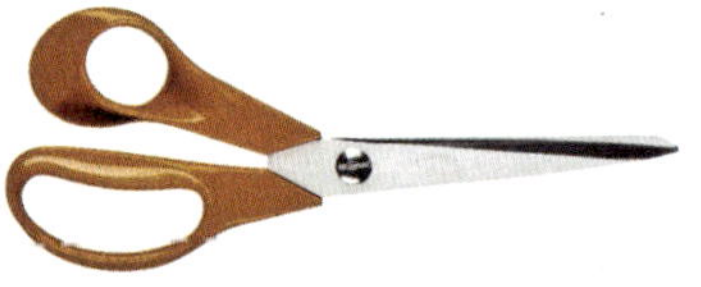

CISEAUX DE JARDIN
Plus solides que ceux pour la maison, ils sont en inox et ont une lame plus épaisse. Pour récolter et couper les feuilles mortes, entre autres.

PETIT SÉCATEUR
Utile pour tailler les arbres fruitiers et récolter les aubergines. Choisissez avant tout en fonction de l'ergonomie.

GRIFFE À MAIN
Au-delà de trois grandes jardinières, il vaut la peine d'investir dans un set comprenant une griffe à main et/ou un petit râteau. La griffe sert à niveler la terre — le râteau également, mais vous pouvez forcer davantage avec la griffe.

TRANSPLANTOIR
Aussi appelé pelle à main, cet outil vous servira tout le temps pour planter, soulever, tasser, etc. Investissez dans un modèle ergonomique et solide car le plastique casse vite !

SEMOIR
Ce petit gadget est un vrai miracle pour celui qui n'a jamais semé car il permet de contrôler la quantité de graines que l'on laisse filer sur la terre. Le débit se règle en fonction de la taille de la graine.

TUYAU D'ARROSAGE
Si vous avez beaucoup de pots, même sur un rebord de fenêtre, le tuyau vous servira à prendre l'eau depuis l'évier sans faire des allers et retours avec l'arrosoir. Et si vous avez une terrasse, il est indispensable.

GANTS
ils ne sont certes pas indispensables pour réussir ses cultures, mais ils sont si pratiques ! Les jardiniers qui jardinent sans gants ont tendance à moins toucher la terre et donc à repousser le désherbage, les plantations, etc.

ARROSOIR
De 5 ou 10 litres de contenance, il servira lui aussi très souvent. Prenez-le pas trop moche car il est plus pratique de le laisser traîner, plein d'eau, prêt à servir pour arroser une potée en catastrophe avant de partir le matin. Et même mieux, prenez-en 2 si vous avez la place pour les entreposer quelque part.

GENOUILLÈRE
Les coussins amortisseurs pour les genoux offrent un confort bien agréable, si vous devez travailler au ras du sol.

Bien choisir vos pots

Le contenant dans lequel on cultive les fruits et les légumes, ce n'est pas qu'une histoire de déco ! Car certains sont plus adaptés que d'autres.

LA MATIÈRE : PAS IMPORTANTE
Plastique, résine, bois ou terre cuite, peu importe votre choix car de toute façon, il faudra arroser.
Les bacs en plastique offrent le meilleur compromis : ils sont bon marché et ils plaisent à beaucoup de légumes. Le plastique a aussi ses limites car il n'est pas très stable face au vent et il a tendance à accumuler de l'eau au fond, selon les modèles. La seule matière à éviter est la terre cuite non émaillée : elle évapore trop et les cultures souffrent dès les premières chaleurs.

LA FORME : À ADAPTER
La plupart des légumes se contentent d'un pot qui ne soit pas très haut. Les radis peuvent venir dans 7 cm de substrat, les salades dans 15 cm, les tomates dans 40 cm. Pour eux, il vaudra mieux un bac large.
Les arbres fruitiers, en revanche, préféreront un pot profond (plus de 50 cm), mais pas forcément très large. Sur votre balcon ou votre terrasse, ce sera donc Laurel et Hardy.

UN COMPROMIS

LA TAILLE, ÇA COMPTE ÉNORMÉMENT

Personne n'a jamais raté une culture de légume pour lui avoir fourni un pot trop grand. Mais pour lui avoir fourni un pot trop petit, si. Choisissez donc toujours le pot au plus grand en fonction de vos possibilités, sachant qu'il va falloir le remplir de substrat, à transporter en sac...

LA RÉCUP', POURQUOI PAS ?

Si vous êtes un tout petit peu bricoleur, vous n'aurez même pas besoin d'acheter de pot. Doublez une cagette de film plastique noir (évitez le sac-poubelle, qui contient des pesticides intégrés au plastique). À condition de ne pas déplacer la cagette, vous serez étonné de tout ce qui peut y pousser !

LE DRAINAGE OU LA PERCEUSE

Le système de drainage (trous au fond du pot) peut être caché dans les modèles bien pratiques intégrant une petite réserve d'eau. Ils laissent toutefois s'écouler le trop-plein. Mais si le pot n'est pas muni de trous de drainage au fond, il faudra les préparer vous-même. Sortez la perceuse avec un foret adapté, et effectuez 3 à 5 trous au fond. Un grand pot (25 l) devrait comporter 5 trous de 1 cm de diamètre, mais cela n'a rien d'une science exacte !

Monter un mini-potager

FACILE ET RENTABLE

Si vous avez la place (1 m²), il vous sera plus facile de cultiver vos plants dans un potager de balcon. Il s'agit d'une jardinière en bois que l'on monte sur place. Rapide et efficace !

1. Assemblez
Montez les pans selon le modèle choisi. Le plus simple, comme ici, repose sur des planches qui se bloquent entre elles, d'autres sont à visser.

2. Doublez
Agrafez le feutre de doublage sur les bords intérieurs et le fond du mini-potager. Il sert à protéger le bois contre l'humidité mais limite aussi la soif des légumes.

POT OU MINI-POTAGER ?

Les pots sont flexibles (on les déplace facilement), peu coûteux et durent longtemps. Leur rendement est moyen et ils ne sont pas toujours faciles à cultiver. Pour les végétaux fruitiers, ils sont indispensables. Le mini-potager revient un peu moins cher que les pots mais est inamovible et dure un peu moins longtemps (3 à 4 ans). Il offre le meilleur rendement pour les légumes et s'entretient très facilement. Pour les légumes, il est imbattable mais attention, car il pèse lourd (parfois plus de 100 kg).

3. Remplissez
Versez assez de substrat pour remplir le mini-potager. Attention : une fois le premier seau versé, il ne peut plus être déplacé, et ce jusqu'au démontage !

4. Égalisez
À la main ou avec un râteau à main, nivelez le substrat. Ne le tassez pas. Arrosez-le s'il est très sec. Il peut directement être mis en culture (par semis ou plantation).

5. Complétez
Si vous souhaitez cultiver des fruits ou des légumes grimpants, équipez votre mini-potager d'un treillis pour y faire grimper les cultures.

EN BREF

- Les versions montées sur roulette, plus chers, ont l'avantage de se déplacer très facilement : pratique sur les grands balcons.
- Deux jardinières longues offrent à peu près la même surface qu'un carré potager, mais l'arrosage doit être plus fréquent.

La terre

C'est la terre qui fait la récolte, ou presque. Selon sa texture et sa richesse, vos cultures vont s'y plaire ou au contraire, vous décevoir. Autant ne pas lésiner sur la qualité !

LEQUEL CHOISIR ?
Le terreau potager idéal est un substrat qui comporte du compost et de la vraie terre. Cette composition est marquée sur l'emballage, mais souvent de façon peu lisible. Un substrat qui n'est composé que de tourbe vous causera des problèmes. De même, de la « vraie » terre de jardin n'est pas faite pour être utilisée seule en pot. Mais si vous pouvez en mélanger un peu au substrat que vous aurez acheté (jusqu'à 20 % du volume), ce sera vraiment idéal.

QUALITÉ OU QUANTITÉ ?
Le substrat de mauvaise qualité, comme le terreau « standard » ou « premier prix », est à éviter. Il peut être pollué (contamination par les métaux lourds), alors que le substrat de marque, lui, est confectionné avec des matières premières de meilleure qualité. Le substrat sera votre principal poste de dépense mais tout le succès en dépend.

ORGANISER LE TRANSPORT
Faire la navette avec les sacs n'est pas obligatoire car certaines enseignes livrent à domicile et peuvent même les monter à l'étage. Renseignez-vous et souvenez-vous qu'un généreux pourboire est vite oublié. Un mal de dos, non.

TOUT LE SUCCÈS EN DÉPEND

LIMITER LE POIDS ET LE VOLUME

Oubliez les astuces qui consistent à mettre du polystyrène dans le fond des pots pour employer moins de substrat : c'est comme si vous employiez un pot plus petit ! Pour économiser le substrat, vous pouvez combiner certains légumes ensemble, voire des fruits et des légumes.

PENSEZ AU RENOUVELLEMENT

Dans certains cas, le substrat devra être jeté au bout de quelques années. C'est le cas du substrat que vous aurez retiré au moment de changer un arbre fruitier de pot. De même, passé 2 ans, le substrat qui a reçu des légumes est « vidé » de ses substances nutritives. Il faudra alors vous en défaire, pour le remplacer par du substrat frais. Autant ne pas voir trop grand dès le départ...

C'EST DANS LE SAC !

Pas de bac, juste un sac : la méthode de la culture en sac de terreau, venue d'outre-Manche, a ses avantages. Elle donne de bons résultats avec un volume de 30 à 50 l et plus. Posez le sac à plat et effectuez 2 à 4 fentes en croix. Dans ces fentes, vous pourrez y planter des salades (jusqu'à 6 pour un sac) ou des tomates (2 par sac). Assurez-vous que l'eau d'arrosage s'écoule, quitte à perforer la face inférieure du sac. Vite mise en place, cette solution a un inconvénient : elle ne dure qu'un an car le sac se déchire et le terreau est vidé de ses nutriments...

Les engrais

Sans engrais, vous ne récolterez pas autant que vous l'espériez. Pourquoi ? Parce que les éléments nutritifs contenus dans le substrat sont insuffisants pour les légumes (mais aussi les fruits), qui sont de vrais gloutons.

LES ENGRAIS SOLIDES

Ils se présentent sous forme de poudre ou de granulés. Pas forcément bio, ils sont à action rapide s'ils sont minéraux (c'est indiqué sur le paquet). Choisissez un engrais pour potager, en respectant le dosage. Les engrais solides occasionnent vite des dégâts liés au surdosage : l'extrémité des feuilles grille.

LES ENGRAIS LIQUIDES

Plus simples à doser que les engrais solides, ils se mélangent à l'eau d'arrosage. Ils agissent souvent plus vite. Ils réussissent mieux aux légumes qu'aux arbres fruitiers. Les engrais liquides pour potager sont rares. Employez l'engrais pour fraisiers, qui convient à toutes les cultures comestibles en pot.

LES VRAIS-FAUX ENGRAIS

Le marc de café : il met du temps à se décomposer mais a tendance à renforcer les légumes contre les parasites tels que les pucerons. Pas inutile mais gare au goût de café communiqué à certains légumes.

Le thé : comme le marc de café, en moins marqué.

Les restes de tabac : contenant des produits toxiques, ils ne sont pas conseillés au pied des cultures comestibles. Les filtres sont toxiques et non dégradables.

Le compost : du moment que les matières sont bien décomposées (il s'émiette facilement), vous tenez là le meilleur moyen de régénérer votre terre. Apportez-le en fin de saison (octobre-novembre).

SOUVENT INDISPENSABLES

BIO MAIS PLUS LENT

Les engrais biologiques sont des engrais organiques, c'est-à-dire des matières recyclées de diverses origines. Ils nourrissent les plantes en se décomposant en terre, ce qui prend 2 à 8 semaines, selon la saison et la formulation. À savoir : les engrais organiques sont rarement vegan.

À QUELLE FRÉQUENCE ?

En pleine croissance, un légume qui exige une terre riche (courge, tomate…) pourra être fertilisé jusqu'à une fois par semaine. La plupart se contentent d'une fois tous les 15 jours, voire une fois toutes les 3 semaines. Mieux vaut cependant des apports sous-dosés mais plus fréquents que des apports massifs mais plus espacés.

3 PRÉCAUTIONS INDISPENSABLES

Apportez l'engrais sur une terre humide, jamais sur une terre sèche. Arrosez au préalable si besoin.
Attendez que les légumes soient bien installés pour apporter de l'engrais.
On n'apporte pas d'engrais juste après la plantation, mais une semaine après, au plus tôt. Les arbres fruitiers peuvent recevoir un engrais dès la plantation.
Réduisez les apports d'engrais lors des intempéries, en particulier la canicule d'été. Le risque de surdosage est alors bien plus important.

L'arrosage

Maintenir les légumes en forme passera surtout par un arrosage régulier. Un manque d'eau et parfois, c'est toute la récolte qui est compromise ! Ne vous laissez pas surprendre et songez dès à présent à la façon dont vous allez arroser vos plants.

À L'ARROSOIR
C'est le plus facile si vous n'avez pas trop de bacs cultivés et que vous êtes présents régulièrement durant la belle saison ou que quelqu'un peut venir arroser en votre absence. Arroser à l'arrosoir devient vite une corvée si le substrat est trop drainant. L'eau s'écoule après quelques secondes seulement et il faut arroser plusieurs fois pour que les plantes n'aient pas soif.

AU TUYAU
Si vous avez une prise accessible sous les pots, cette solution est acceptable. Vous vous lasserez vite du tuyau à brancher sur le robinet de l'évier. Il existe des modèles à enrouleur automatique et d'autres à tuyau extensible, très pratique pour tout arroser.

À BIEN PENSER

AUTOMATIQUE

Un arrosage au goutte-à-goutte ou reposant sur de petits asperseurs ne coûte pas si cher en regard de la tranquillité que cela vous apporte. Comptez tout de même de 40 à 75 € pour un système de base.
Un bon conseil : ne l'installez pas la veille de vous absenter, et testez-le durant une semaine au moins.

SOUCOUPE OU PAS ?

La plupart des légumes apprécie qu'une soucoupe soit placée sous le pot, afin qu'ils puissent boire l'eau s'écoulant en excès. Mais ne laissez pas tremper la base du pot en permanence car la plupart détestent cela.

5 ASTUCES SI VOUS VOUS ABSENTEZ

1. **Déplacez les pots à l'ombre** et regroupez-les. Couvrez la surface de papier journal froissé et humide.
2. **Alimentez les pots par une mèche en coton hydrophile** reliée à un réservoir d'eau (arrosoir) placé en surplomb et à moins de 1 m des pots.
3. **Retirez une partie du feuillage des légumes,** à savoir les vieilles feuilles de la base.
4. **Placez des soucoupes pleines d'eau** autour des pots pour saturer l'air en humidité. Couvrez de moustiquaire pour ne pas élever des moustiques dedans !
5. **Placez les pots sur une couche de gravier trempant dans l'eau :** les racines peuvent s'y échapper pour venir boire dans cette réserve.

Installer un arrosage automatique

PLUS D'AUTONOMIE

Bien que l'on se sente perdu devant le rayon consacré à l'arrosage automatique dans les magasins, le principe est simple : un petit tuyau que l'on fait courir entre les pots et qui alimente des tuyaux plus petits et très souples. Relié à un programmateur, ce système est souple, adaptable et super-pratique.

1. Positionnez le tuyau
Déroulez le tuyau qui alimentera le tout. En général, on emploie du tuyau noir de 16 mm de diamètre, bon marché et facile à placer. Calez le tuyau afin qu'il se détende, au début.

2. Implantez les goutteurs
Percez le tuyau pour y implanter une sortie de goutteur. Les modèles du commerce sont très variés. Préférez ceux qui vous offrent de la souplesse, avec un goutteur déporté plutôt que collé au tuyau.

3. Placez les buses
Piquez les goutteurs (ou les micro-asperseurs) dans chaque pot, vers le centre si possible. Là aussi, préférez les modèles dont l'extrémité se plante dans la terre : ils sont plus fiables.

4. Reliez le tuyau
Connectez le tuyau d'alimentation au secteur ou au programmateur. Employez des raccords rapides, qui vous permettront de tout démonter en un clin d'œil en fin de saison.

GOUTTEURS OU ASPERSEURS ?

Comme leur nom l'indique, les goutteurs font perler de l'eau à leur extrémité, alors que les asperseurs la brumisent. Légumes et fruits préfèrent plutôt les goutteurs, qui évitent de mouiller le feuillage, cause de maladie.

5. Programmez
Installez un programmateur pour bénéficier d'un arrosage en toute liberté. Un quart d'heure chaque jour suffit dans la plupart des cas.

EN BREF

- Ce matériel dure à peu près 5 ans. Comptez entre 50 et 100 € pour équiper un balcon.
- Testez le système avant de vous absenter, et changez les piles au cas où.

Les contraintes

Lorsque l'on cultive ses fruits et ses légumes en pot, il y a des conditions avec lesquelles il faudra composer, comme l'ombre d'un bâtiment ou les courants d'air. Mais il y a des parades.

PLUS PRÈS DE TOIT

Sur un balcon ou une terrasse, les conditions sont souvent plus marquées que dans un jardin classique.
Le soleil y cogne plus fort en été car les bâtiments réverbèrent une partie du rayonnement, sous forme de chaleur. Les courants d'air y sont plus importants car entre les immeubles, le vent s'engouffre et il existe des effets de goulot à vent, comme en montagne. Le froid peut être aussi plus important car il n'y a pas de sol pour limiter le refroidissement la nuit (mais cela se réchauffe plus vite en journée). Et il faut compter avec la pollution et parfois, quelques enquiquineurs. Tout est morose ? Non, heureusement, car en ville, fruits et légumes poussent plutôt bien.

LE VENT

Il souffle par bourrasque et déstabilise les pots.
Il grille aussi certains feuillages. Repérez d'où vient le vent dominant, celui qui souffle le plus fréquemment.
La parade : atténuez le vent en plaçant des pots avec des arbustes ou un claustra face au vent dominant.
Attacher les pots au sol ou solidarisez-les par un lien.
Préférez les formes basses, plus stables.

L'ENSOLEILLEMENT

On se plaint rarement d'un balcon ou d'une terrasse trop ensoleillée. Et pour les fruits et les légumes, un fort ensoleillement ne pose aucun problème.
Le manque de lumière, en revanche, est beaucoup plus pénalisant et c'est contre cela qu'il vous faudra agir.
La parade : peignez les murs en blanc, c'est très efficace ! Vous pouvez aussi doubler le mur d'un film réfléchissant (plastique métallisé).
Enfin, choisissez des cultures qui se passent du plein soleil : salades, courgettes, épinards, fraises...

À NE PAS OUBLIER

LE FROID
Il pose rarement problème car les cultures qui restent dehors en hiver ne sont pas nombreuses. De plus, il est temporaire.
La parade : lorsqu'un coup de froid est annoncé (gel fort en hiver, gelée matinale en avril ou mai), couvrez les cultures avec une protection comme un voile d'hivernage (en jardinerie et magasin de bricolage) ou du plastique à bulles de récupération. Retirez dès que le temps se radoucit.

LES OISEAUX
Un îlot de verdure, rien ne pourrait être mieux pour eux ! Ils fouillent les pots, ils picorent fruits et feuilles et salissent avec leurs déjections. Bref, à tenir à distance.
La parade : posez un filet sur les cultures sensibles (jeunes salades, choux, fraisiers, etc.). Posez des effrayants (en jardinerie).

LA POLLUTION
Ce sont essentiellement les particules fines qui posent souci car elles s'incrustent dans les feuilles et finissent dans votre assiette.
La parade : évitez les légumes à feuilles frisées (persil frisé, chou kale, chicorées frisées) qui encouragent l'accumulation de particules fines. Plantez des végétaux plus hauts qui serviront de piège à particule comme des cosmos.

GUIDE DU
POTAGER
ULTRA-SIMPLE

LES GESTES À CONNAÎTRE

Planter et semer : c'est à peu près les seules tâches auxquelles il faudra vous frotter. Rien de bien compliqué et si vous avez quelqu'un dans votre entourage qui peut vous montrer son tour de main, alors vous comprendrez combien c'est simple...

Planter un légume

INDISPENSABLE

C'est le geste que vous pratiquerez le plus souvent et vous prendrez vite le coup de main. Le godet est un pot plastique rond ou carré dans lequel sont vendus beaucoup de plants.

1. Les plants
Après achat, les plants peuvent attendre 15 jours dans leur godet mais mieux vaut les planter aussi vite que possible.

2. Préparation
Trempez le godet dans l'eau si la terre est sèche.
Sortez le plant de son godet.
Positionnez les plants afin de bien les espacer.

VARIANTE : EN MOTTE

La motte est un conditionnement économique où les plants sont présentés dans des cubes de terreau compressé, le tout étant souvent vendu dans une barquette qui tient le tout. On sépare les mottes en les cassant au niveau du sillon qui les délimite, comme une brioche.
Mode d'emploi :
- Séparez les mottes et posez-les à plat.
- Creusez un trou à peine plus large que la motte, mais un peu plus profond (de 1 m). Posez la motte dedans.
- Rapportez du terreau si le trou était trop large.
- Arrosez.

3. Implantation
Aménagez un trou de la taille de la motte. L'outil adapté est la pelle à main mais vous pouvez le faire à la main, tout simplement.

4. Mise en place
Posez la motte dans le trou. Rapportez de la terre pour combler le trou et couvrir toute la motte.

5. Arrosez
Mouillez le substrat jusqu'à ce qu'il ne puisse plus boire. Vérifiez que le contenant (pot, jardinière) laisse bien s'écouler l'excédent.

Planter un arbre fruitier

AUSSI INDISPENSABLE

Même si c'est un végétal dont on compte tirer des fruits, l'arbre fruitier se plante en pot comme vous planteriez un végétal d'ornement.

FAUT-IL TOUJOURS CHANGER LE POT APRÈS ACHAT ?

Oui, car le plant du commerce n'est pas prévu pour rester plus longtemps que nécessaire dans son pot. La taille du pot est suffisante pour qu'il tienne jusqu'à ce qu'il soit vendu, mais il faut le changer de pot pour qu'il donne, dans tous les cas.

1. Préparation
- Trempez le pot dans un seau d'eau pendant 1 heure.
- À l'issue de ce délai, sortez le plant fruitier de son pot.

2. Le pot
Placez-y une couche de drainage (billes d'argile par exemple) sur 3 cm. Couvrez cette couche de 5 cm de terreau.

3. La motte
Retirez le substrat qui ne demande qu'à tomber de la motte, et démêlez un peu les racines si vous pouvez le faire sans les abîmer.

4. Mise en place
Posez la motte sur la couche de substrat versée précédemment.

5. Finition
Comblez avec du substrat et ajoutez éventuellement un engrais à libération lente.

6. Arrosez

Apportez assez d'eau pour détremper le substrat. Arrosez de nouveau le lendemain si vous avez planté par temps chaud (plus de 25 °C).

À SAVOIR

- Le mode d'emploi est le même en été qu'en hiver. Évitez de planter lorsqu'il gèle fort ou par temps de canicule.
- Presque toujours vendu en pot : les arbres fruitiers sont vendus en pot, parfois à racines nues, mais ce dernier conditionnement n'est pas adapté pour qui veut cultiver des arbres fruitiers en pot. Les variétés à racines nues exigent souvent des conditions qu'un pot ne peut leur offrir. Vous vous retrouverez donc avec un pot à qui offrir une nouvelle vie.

Semer en pot

Tous les légumes ne sont pas disponibles en plant à repiquer, parce qu'ils poussent trop vite pour être commercialisés sous cette forme. Et à partir de graines, vous êtes plus libre du calendrier et vous avez accès à plus de diversité. Mais attention, il faut prendre le coup de main...

LA TERRE
Le terreau doit être propre, neuf (n'employez pas un substrat qui a déjà servi), et bien émietté. Remplissez le pot jusqu'à 3 cm sous le rebord. Les dimensions du pot seront à choisir en fonction de la culture mais en général, on sème dans des jardinières classiques.

LE SEMIS
Épandez les graines à la surface du substrat, sans semer trop dru : en général, on ne met pas plus d'une graine tous les 3 cm en tous sens et même avec cette densité, il faudra en retirer après la levée dans certains cas (épinard, roquette...). Couvrez de 5 mm de terreau, aplatissez légèrement avec le plat de la main et arrosez en trempant le pot.

UN PETIT TOUR DE MAIN

LA LEVÉE

La plupart des graines lèvent à une température entre 15 °C et 25 °C. Vous pouvez donc semer en intérieur, où vous pourrez plus facilement suivre le semis. Arrosez régulièrement mais sans détremper. Lorsque les graines lèvent, il leur faut la pleine lumière et c'est le moment de sortir le pot dehors, à l'abri du plein soleil les premiers jours.

L'ÉCLAIRCISSAGE

Les plantules ne doivent pas être trop serrées. Vous devrez parfois procéder à un éclaircissage, c'est-à-dire à un arrachage des plantules en surnombre. Soit vous tirez dessus et vous les jetez, soit vous les soulevez doucement (avec une vieille fourchette par ex.) pour les replanter dans un autre pot. Dans les deux cas, l'éclaircissage doit être effectué avant que les plantules ne se gênent en se touchant.

LE REPIQUAGE

Manipulez la plantule très doucement en la glissant dans un trou préparé avec un crayon ou un bâtonnet. La plantule doit être enterrée au même niveau qu'au moment de l'arrachage. Calez un peu de substrat contre la plantule afin qu'elle ne glisse pas dans le fond du trou, puis arrosez en trempant le pot dans une soucoupe. Vous saurez très vite si le repiquage a marché.

Suivre les cultures

Lorsque tout est planté, les tâches à prévoir ne sont pas lourdes. Il faut en revanche les effectuer à temps car parfois, c'est difficile de rattraper les choses !

TUTEURER
Enfoncez une tige solide (bambou, plastique, etc.) à la verticale, près des tiges qui retombent. Le tuteurage concerne surtout les tomates, les pois et les haricots grimpants. Le tuteur sert aussi à former un arbre fruitier avec un tronc droit, en l'attachant à son tuteur.

DÉSHERBER
Arrachez les mauvaises herbes qui viennent au pied de vos cultures. Elles volent l'eau, la lumière et les éléments nutritifs. Vous pouvez les enterrer (à 10 cm au moins) pour qu'elles se décomposent sur place.

RECHAUSSER

Le substrat a tendance à se tasser dans le pot car il continue de se décomposer. Cette perte de volume est donc inévitable. Vous le verrez surtout au pied des arbres fruitiers. Remettez du terreau pour « refaire le niveau », une à deux fois par an.

À PRÉVOIR AU QUOTIDIEN

ARROSER
N'attendez jamais que les arbres fruitiers et les plants de légumes montrent des signes de manque d'eau (feuilles qui se replient, teint mat ou jaunissant). Arrosez suffisamment souvent pour le substrat reste moite en surface lorsqu'on le touche. Il ne doit pas non plus être constamment détrempé, juste après une pluie ou un arrosage.

TAILLER
Certains légumes (tomates surtout) demandent à être taillés. Les arbres fruitiers aussi, car il ne faut pas les laisser pousser à leur guise. Raccourcissez les longues pousses des agrumes, des poiriers, des pommiers et des pruniers, au printemps.

RÉCOLTER
Si la récolte est simple (on détache de la plante ce qu'on veut en consommer), il faut veiller à ne pas consommer trop tard. Passé la période de récolte, on entre dans ce que l'on appelle la surmaturation, où les fruits s'affadissent et ramollissent, comme sur cette photo : cette aubergine a trop attendu.

Le surfaçage, pour les fruitiers

RAPIDE ET EFFICACE

Cette technique rapide évite de changer l'arbre de pot trop souvent. Effectué tous les ans, en février ou mars, le surfaçage permet de ne rempoter que tous les 5 ans. Sans cela, ce serait tous les 3 ans.

1. Sortez du pot
Extrayez l'arbre de son pot. Si le pot est déformé, c'est que vous avez trop attendu. Il faudra alors casser le pot et en changer pour un plus grand.

2. Griffez la surface
Avec une petite griffe à main, faites tomber le maximum de substrat, comme si vous vouliez mettre les racines à nu sur le dessus. Vous pouvez aussi utiliser le jet d'eau.

3. Mettez à nu
Vous pouvez retirer le maximum de substrat à la périphérie de la motte. Le sujet s'en remettra très bien.

4. Regarnissez
Replacez le sujet dans son pot, tel qu'il était. Comblez avec du terreau « neuf » et de bonne qualité. l'eau s'est ressuyée.

LA TAILLE

Surfaçage ou rempotage peuvent s'accompagner d'une taille de l'arbre fruitier dans son pot. La taille est destinée à lui garder un port compact mais aussi à lui faire porter des fleurs. Un arbre compact et trapu a plus de chances de faire des fruits qu'un sujet dégarni et aux longues tiges.

5. Achevez l'opération

Apportez assez de substrat pour arriver jusqu'à 1 cm sous le rebord du pot. Tassez légèrement. Arrosez. Rajoutez du substrat s'il s'est tassé lorsque l'eau s'est ressuyée.

À SAVOIR

- Effectuez toujours le surfaçage lorsque la plante est encore en repos (sans feuilles, ou s'apprêtant à les perdre).
- Plus vous retirerez de substrat autour des racines et plus vous stressez la plante. Les pommiers le supportent très bien, la vigne moins bien.
- Attendez quelques semaines avant d'apporter de l'engrais après un surfaçage.

Gagnez de la place

Il est toujours possible d'en faire plus, tant que les légumes et les fruits reçoivent du soleil. Le facteur limitant, ce sera vous, car il faudra bien que vous puissiez mettre les pieds quelque part pour arroser et entretenir !

MARIEZ LES CULTURES
Il est classique de faire pousser ensemble les fleurs et les légumes. Certaines fleurs sont comestibles, comme la capucine. Mais le gain de place maximal vous sera procuré par une combinaison de légumes à la hauteur différente. Les salades ou le basilic seront bien au pied des tomates. Vous pouvez aussi combiner des légumes qui ont un cycle très différent, comme les radis et les carottes. Semés ensemble, les premiers se récoltent lorsque les secondes commencent à lever.

SUPERPOSEZ LES POTS
Une bonne technique pour optimiser l'espace est de poser des pots plus petits sur les grands pots des arbres fruitiers. Vous pouvez ainsi empiler jusqu'à 3 niveaux de pots. C'est peu esthétique, pas très stable, mais efficace.

QUELQUES ASTUCES

COLONISEZ LES MURS

Vous pourrez trouver dans le commerce une foule de solutions pour placer des plantes en hauteur. Les jardinières à accrocher sont particulièrement efficaces. Attention tout de même à ce que cet empilement ne se fasse pas au détriment de la lumière.

TUTEUREZ AU MAXIMUM

En faisant grimper en hauteur les tiges qui normalement s'allongent à l'horizontale, vous gagnez énormément de place. Les courges (potimarron, melon, concombre) acceptent d'être attachées à un tuteur, si vous le faites avant que la tige principale n'atteigne 50 cm de long, puis de façon régulière ensuite.

FRUITS ET LÉGUMES, UN MARIAGE DÉLICAT

Les arbres fruitiers n'aiment pas spécialement que des plantes partagent leur substrat. Des légumes peu gourmands, comme les radis, la mâche ou le basilic peuvent toutefois être plantés au pied des pommiers et des poiriers. Effectuez sans faute un surfaçage ensuite.

Problèmes fréquents

POUR ANTICIPER

Les cultures en pot, surtout en ville, connaissent généralement peu de soucis. Quelques-uns peuvent toutefois se manifester, surtout si d'autres cultures du même type poussent dans le quartier.

LA MALADIE DU BLANC
Causée par un champignon nommé oïdium, cette affection se traduit par un voile blanc et poudreux, à odeur de champignon. Les courgettes y sont très sensibles. Cette maladie est encouragée par le confinement (manque de circulation d'air, cultures trop concentrées, emplacement humide). Elle n'est pas dangereuse mais réduit un peu la vigueur des plants. Favorisez la circulation de l'air et coupez les parties atteintes.

LE POURRISSEMENT
Presque toujours causé par un manque de drainage, ce problème concerne surtout les légumes. Il peut aussi attaquer les arbres fruitiers. Améliorer le drainage, qui permet à l'eau de s'écouler librement à travers le substrat, est la seule solution.

LES LÉGUMES ET FRUITS DÉCONSEILLÉS EN POT

Quelques légumes ne sont pas faits pour pousser ailleurs qu'en pleine terre car ils sont tellement voraces qu'ils ne trouveront pas le nécessaire dans un pot. Heureusement, la liste est courte puisqu'il s'agit surtout du céleri à rave, des choux à pomme (chou rouge, chou frisé...) et des courges à gros fruits (potirons).

À droite : La pose d'un filet permet d'éviter que tous les raisins soient mangés par les oiseaux.

LES LÉGUMES

Plus faciles que les fruitiers, ils sont aussi plus variés. Vous pourrez en récolter partout, du balcon ombragé jusqu'à la grande terrasse, et même en intérieur ! Beaucoup réclament une attention régulière, mais rien de bien compliqué.

Aubergine

LA REINE DES RATATOUILLES

Rapide et productive, l'aubergine vient très bien en pot. C'est une culture qui ne vous donnera pas beaucoup de souci, mais de belles récoltes.

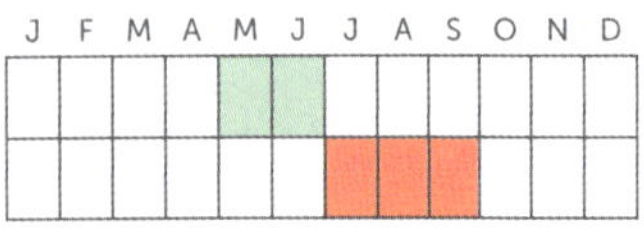

PLANTER RÉCOLTER

FACILE

3 MOIS

1. Choisissez un pot de bon volume, c'est-à-dire de 10 l au moins, sa forme important peu. Le plant d'aubergine sera positionné au centre.

2. Dans le pot rempli de substrat, faites un trou juste assez grand pour y loger la motte du plant d'aubergine, retiré de son pot.

3. Mettez le plant en place et arrosez généreusement. Il faudra toujours maintenir la terre moite à partir de ce moment.

4. La floraison puis la fructification est assez rapide, mais les fruits se développent lentement. Fertilisez régulièrement le plant pendant ce temps.

5. Nettoyez les feuilles abîmées lorsque plus de la moitié de leur surface n'est plus verte. L'auberge craint peu les maladies.

6. Récoltez avec un petit sécateur, en coupant la tige qui relie le fruit à la tige. Attention, ça pique !

EN BREF

- Prévoyez un volume de 25 litres par plant. L'aubergine n'aime pas la compagnie des autres légumes dans le même pot.
- Si vous en trouvez, préférez les variétés à fruits longs, plus productives en pot que les formes classiques, rondes.
- Passé le 10 octobre, les aubergines ne donnent plus rien : arrachez les plants à ce moment-là.

Betterave

UNE RACINE FACILE ET RAPIDE

Les betteraves viennent très bien en pot, dans une simple jardinière. C'est un légume qui peut attendre longtemps avant la récolte. Le plus dur sera de trouver les plants.

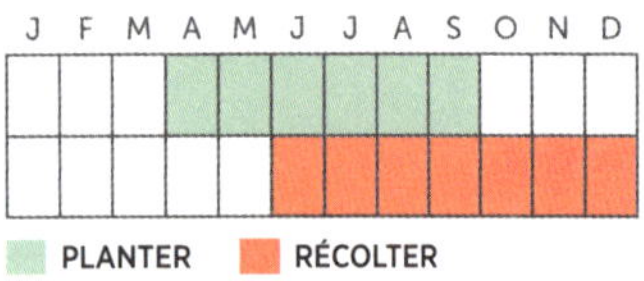

FACILE

3 MOIS

1. Préparez un pot profond d'au moins 10 cm et offrant un peu de surface, de 30 cm de côté par exemple. Ici, la cagette de récupération est idéale (voir page 13).

2. Installez les plants de betteraves dans un trou juste assez grand pour loger la motte. Espacez de 10 cm environ en tout sens. Rapportez un peu de terre à la base des plants.

3. Arrosez copieusement juste après la plantation puis une à deux fois par semaine au moins.

4. Laissez les betteraves se développer en leur offrant un peu de soleil (au moins 4 h par jour). Apportez un peu d'engrais liquide si le terreau est maigre.

AUSSI EN FEUILLES

Les betteraves peuvent se consommer comme les épinards, en cueillant leurs feuilles. Mais les plants grossiront moins vite et il faudra garder au moins les 3/4 de leur feuillage.

5. Récoltez en arrachant les betteraves dès que les racines dépassent 6 cm de diamètre. Elles peuvent patienter longtemps en place avant la récolte.

EN BREF

- Les betteraves peuvent se passer de soleil mais elles seront mieux là où elles recevront 3 à 4 h de soleil par jour.
- Les betteraves peuvent se cultiver en compagnie des laitues, des radis et des haricots, à planter entre les betteraves 15 jours avant leur récolte.
- Une douzaine de plants vous procurera jusqu'à 2 kg de récolte.

Blette

DES FEUILLES QUI ONT LA COTE

Cousine de la betterave, elle se nomme aussi bette ou poirée. Elle se garde jusqu'en hiver car elle n'a qu'un seul ennemi : la chaleur.

	J	F	M	A	M	J	J	A	S	O	N	D
PLANTER				■	■	■	■					
RÉCOLTER	■						■	■	■	■	■	■

FACILE — 3 MOIS

1. Optez pour un pot profond d'au moins 20 cm, mais pas forcément très large : 15 cm suffisent pour cultiver 1 pied, 25 pour 2 à 3 pieds.

2. Plantez en enterrant la motte de racines dans le terreau, puis arrosez copieusement. Un terreau enrichi en argile est préférable, si vous en trouvez.

3. Arrosez régulièrement, les blettes étant l'un des légumes les plus exigeants en la matière. Un arrosage automatique est une bonne option.

4. Placez le pot à l'ombre par temps de canicule et si vous devez vous absenter, car les plants qui flanchent s'en remettent difficilement.

5. Laissez croître la plante à son rythme. Un engrais n'est généralement pas nécessaire. Moins elle reçoit de lumière et plus elle sera lente, c'est tout.

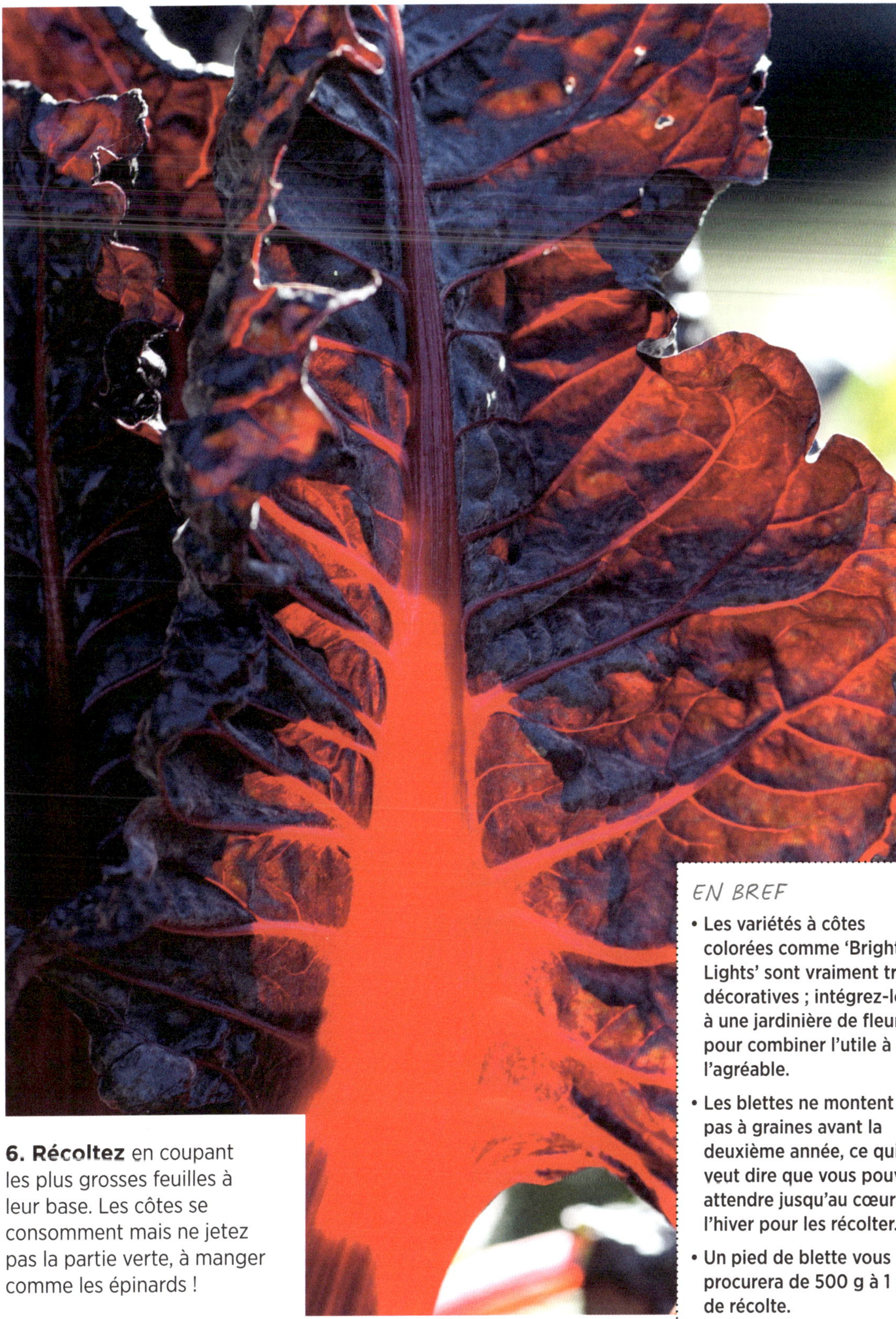

6. Récoltez en coupant les plus grosses feuilles à leur base. Les côtes se consomment mais ne jetez pas la partie verte, à manger comme les épinards !

EN BREF

- Les variétés à côtes colorées comme 'Bright Lights' sont vraiment très décoratives ; intégrez-les à une jardinière de fleurs pour combiner l'utile à l'agréable.
- Les blettes ne montent pas à graines avant la deuxième année, ce qui veut dire que vous pouvez attendre jusqu'au cœur de l'hiver pour les récolter.
- Un pied de blette vous procurera de 500 g à 1 kg de récolte.

Carotte

UNE FACILE À CROQUER

Rien ne vaut une carotte récoltée fraîchement ! C'est une culture idéale pour les petits espaces mais attention, il faudra lui donner une terre riche. Comme les radis, elle ne se trouve que sous forme de graines. Il faut donc la semer.

	J	F	M	A	M	J	J	A	S	O	N	D
PLANTER					■	■	■	■				
RÉCOLTER					■	■	■	■	■	■	■	■

PLANTER RÉCOLTER

ASSEZ FACILE

2 à 3 MOIS

1. Préparez la jardinière de semis en choisissant un contenant large, pas forcément très haut (15 cm suffisent). Aplanissez le substrat.

2. Semez les graines à la volée, pas trop serré : gardez 1 cm en tout sens, en répartissant sur toute la surface. Couvrez de 5 mm de terreau et arrosez doucement.

3. La levée des carottes est souvent dense, sauf si vous avez eu recours à un tapis présemé. Dans le cas contraire, il faudra éclaircir (voir page 33).

4. Laissez pousser les jeunes carottes, en arrosant régulièrement depuis le moment du semis.

5. Récoltez les carottes lorsque le diamètre de la racine, visible au niveau du sol, atteint 3 cm ; les carottes ne grossissent pas plus en pot.

EN BREF

- Procédez à un deuxième éclaircissage si nécessaire. Les tapis pré-semés (voir page 28) évitent la surpopulation.
- Préférez toujours les carottes à racines rondes, qui viennent mieux en pot que celles à racines longues.
- Une jardinière vous donnera de 1 à 2 kg de carottes, pas plus.

Chicorée

SOLIDE ET CROQUANTE

Les chicorées incluent les scaroles. Ces salades, plus fermes que les laitues, sont aussi moins sensibles. Adoptez-les pour la fin de la saison.

	J	F	M	A	M	J	J	A	S	O	N	D
PLANTER				■	■	■	■	■				
RÉCOLTER							■	■	■	■	■	

ASSEZ FACILE

2 MOIS

1. Choisissez des plants trapus, non étiolés : la tige des plants ne doit pas être visible.

2. Installez les plants de chicorée en respectant un espacement de 25 cm au moins, ce qui exige un grand pot.

3. Arrosez en noyant les plants et en laissant l'eau s'écouler librement au pied. Le substrat devra toujours être moite.

4. Laissez pousser en continuant d'arroser. Vérifiez que le pot reçoit assez de lumière et surtout, ne reste pas dans une atmosphère confinée.

5. Récoltez au fur et à mesure, feuille par feuille, en les cassant, pour prolonger la récolte.

6. Récoltez d'un coup en coupant la rosette à ras. Une nouvelle récolte peut se former, mais elle sera maigre.

EN BREF

- Les scaroles sont aussi faciles à cultiver que les frisées, mais ces dernières sont un peu plus amères. Elles sont aussi plus décoratives.
- Les oiseaux peuvent venir picorer ou souiller les feuilles : s'ils fréquentent votre balcon, posez une protection.
- Un plant de chicorée fournit de quoi composer une entrée, le double si vous la récoltez feuille à feuille.

Chou palmiste

DES VITAMINES POUR L'HIVER

C'est le fameux kale ! Ses feuilles frisées sont à garder pour l'hiver et en attendant, il est très décoratif. Une culture facile mais pour jardinier patient. À savoir : les choux à pomme viennent mal en pot.

	J	F	M	A	M	J	J	A	S	O	N	D
PLANTER					X	X	X					
RÉCOLTER	X	X	X								X	X

MOYENNEMENT FACILE

4 MOIS

1. Installez les plants dans une large jardinière, d'au moins 25 l, surtout si elle contient d'autres légumes. Dans ce cas, il faudra apporter de l'engrais plus tard.

2. Arrosez dès la plantation et régulièrement ensuite. Un chou qui manque d'eau ne forme que des petites feuilles et tombe plus facilement malade.

3. Tuteurez le plant afin qu'il ne s'affale pas, si la place est limitée. Attachez-le à un bâtonnet. Retirez les feuilles jaunes ou malades.

4. Apportez un engrais si le plant n'a pas doublé de taille dans les 2 mois qui suivent la plantation. N'importe quel engrais pour légume fait l'affaire.

5. La croissance du chou palmiste se poursuit tant qu'il ne gèle pas. En ville, il peut pousser jusqu'en décembre mais il doit recevoir la pleine lumière pour cela.

6. Récoltez en cassant les feuilles au fur et à mesure. Laissez au moins la moitié du feuillage en place afin qu'il se renouvelle.

EN BREF

- Il existe deux types de chou palmiste : à feuilles frisées (le kale le plus commun) ou le noir de toscane, à feuilles gaufrées. La seule différence est esthétique, ils se cultivent et se cuisinent de la même façon.
- Un pied vous fournira environ 500 g de feuilles au cours de la saison.
- Évitez de cultiver à côté de la roquette et des radis.

Concombre

HYPER PRODUCTIF, HYPER FACILE

À faire grimper ou retomber pour gagner de la place, le concombre est une culture ludique, qui ravira les enfants.

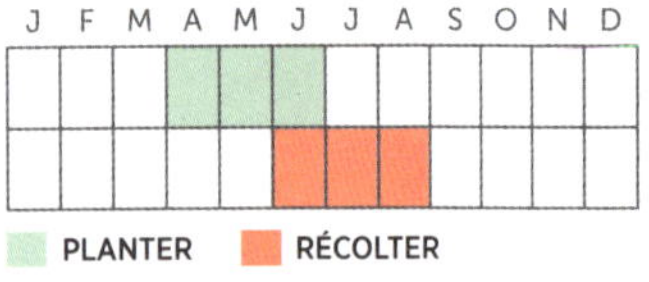

FACILE

2 MOIS

1. Plantez le jeune concombre dans un pot de 5 à 10 litres au moins. Retirez le pot avant plantation et enterrez un peu la base de la tige.

2. Arrosez dès la plantation et régulièrement par la suite, le concombre réclamant beaucoup d'eau. Vérifiez que l'eau s'écoule bien, les racines ne devant pas tremper dans l'humidité.

3. Posez un tuteur quelques jours plus tard, afin de lui offrir un support. Sinon, il rampera par terre et vous raterez des récoltes.

4. Attachez la tige au fur et à mesure de son allongement, tous les 20 cm par exemple.

5. Récoltez les concombres dès que leur peau devient lisse et brillante, sans attendre qu'ils deviennent jaunes.

6. Si les fruits n'arrivent plus à se former, c'est parce que vous avez oublié des fruits qui ont grossi. Retirez-les, apportez un engrais et la production repartira.

EN BREF

- Le concombre peut se cultiver comme une plante retombante mais à l'abri du vent, les tiges étant fragiles.
- Choisissez une variété à petits fruits, plus productive et plus adaptée à la culture en pot que les formes à fruits longs.
- Gardez le plant jusqu'en automne, car il donne longtemps si vous récoltez les fruits jeunes.
- Un plant pourra vous fournir jusqu'à 2 kg de récolte.

Courge

POUR LES GRANDS BALCONS

Les courges comprennent les citrouilles (dont le potiron) et le potimarron. Ce n'est pas la culture prioritaire sur un balcon ou une terrasse car il faut un grand pot.

	J	F	M	A	M	J	J	A	S	O	N	D
PLANTER				■	■	■						
RÉCOLTER								■	■	■		

MOYENNEMENT FACILE

4 MOIS

1. Sélectionnez un large pot, d'au moins 20 à 30 litres : les courges sont des légumes exigeant un volume vraiment important.

2. Mettez le plant en place en retirant le pot et en enterrant la motte, puis en arrosant, tout simplement. Il n'y a rien d'autre à faire pour le moment.

3. Laissez la plante se développer : elle forme rapidement de grandes feuilles, mais le premier fruit, lui, peut mettre 1 mois avant de se former.

4. Nourrissez le plant avec un engrais solide ou liquide, avant que le premier fruit ait commencé à grossir. Nettoyez les feuilles jaunes ou flétries au fur et à mesure.

5. Récoltez lorsque l'attache du fruit (le pédoncule) devient grise. Le fruit aura arrêté sa croissance longtemps avant.

6. Arrachez le plant après la récolte, même s'il semble vouloir donner un autre fruit : vous n'en tireriez rien d'intéressant et mieux vaut installer autre chose à la place.

EN BREF

- Attention : il y a des variétés coureuses (à longue tige) et non coureuses (très courtes). Le type est mentionné sur l'étiquette. Les coureuses sont plus productives, mais plus encombrantes.
- Un potimarron dans un grand pot ne donnera qu'un seul fruit, jusqu'à 1,5 kg.

Courgette

PRODUCTIVE MAIS XXL

Un pot et c'est tout ce qu'il vous faut ! La courgette donne même si elle n'aperçoit le soleil qu'une heure par jour. Prévoyez un encombrement d'au moins 1 m de large.

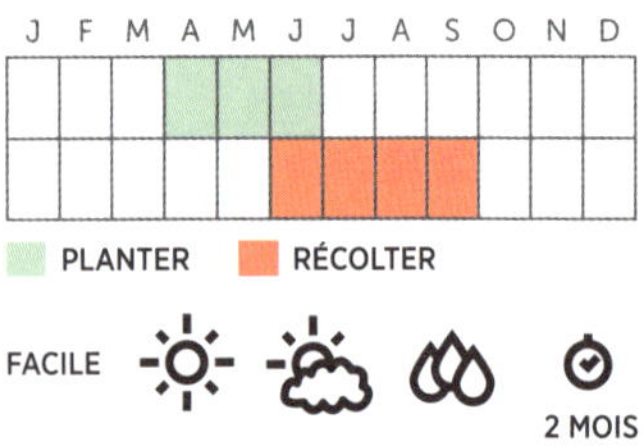

1. Plantez la courgette exactement comme les courges (voir pages précédentes), en arrosant bien au pied. Les plants de courgette n'aiment pas attendre : occupez-vous en dès l'achat.

2. Le développement de la courgette est vraiment très rapide : 3 semaines après la plantation, les premières fleurs qui porteront les fruits commencent déjà à apparaître.

3. Prévoyez un encombrement important car même si la courgette est de plus petit développement que les courges, elle peut occuper 80 cm de large et même un mètre.

4. Récoltez au fur et à mesure, en coupant les courgettes à leur base, au couteau. Ne les tordez pas car vous pourriez abîmer le plant.

VERTE OU JAUNE, RONDE OU LONGUE ?

Les courgettes jaunes sont réputées plus goûteuses et plus fermes que les vertes. Surtout, elles contiennent moins d'eau. En revanche, les variétés rondes sont un peu moins productives et la forme ne change rien au goût.

5. Ne laissez pas les fruits trop gros sur le pied car ils « pompent » la sève. Récoltez-les : ils peuvent toujours servir à quelque chose en cuisine !

EN BREF

- La courgette demande beaucoup d'eau : arrosez régulièrement, avant que le feuillage ne ramollisse.
- Laissez le plant en place jusqu'à la fin septembre : il peut donner jusqu'au début de l'automne si vous récoltez très régulièrement.
- Un seul plant de courgette peut donner plus de 3 kg.

Épinard

DES FEUILLES QUI DURENT

Tout le monde n'aime pas les épinards mais c'est une des rares récoltes garanties pour l'hiver. Facile, peu encombrant, l'épinard a aussi l'avantage de se récolter en fonction de vos besoins.

	J	F	M	A	M	J	J	A	S	O	N	D
PLANTER				■	■	■	■	■				
RÉCOLTER						■	■	■	■	■	■	■

FACILE

2 MOIS

1. Semez les graines d'épinard à la surface d'un pot assez large (au moins 30 cm). 10 cm de hauteur suffisent. Couvrez de 5 mm de terreau.

2. Imbibez le pot de semis en le trempant dans une soucoupe peine d'eau. Videz-la une fois que le terreau est trempé.

3. Par temps chaud (plus de 30 °C), couvrez le pot de semis d'un papier afin que le soleil ne chauffe pas trop, ce qui ralentira la levée.

4. La levée est souvent drue : ne gardez qu'un plant tous les 10 cm. Vous pouvez les replanter dans un autre pot, en les soulevant délicatement.

5. Laissez pousser en arrosant régulièrement. Un arrosage n'est pas nécessaire. Protégez des oiseaux s'ils viennent picorer les feuilles.

6. Récoltez le en cueillant les feuilles une à une, ou en coupant les plants à 2 cm de la base. Récoltez à nouveau lorsque le feuillage s'est reformé.

EN BREF

- Les épinards peuvent aussi se planter à partir de plants achetés en minimottes, mais la saison de vente est très courte (septembre).
- Gagnez de la place en semant les épinards au pied de légumes d'été : aubergines, poivrons, tomates...
- Une jardinière de taille standard vous donnera l'équivalent de 4 saladiers de feuilles.

Haricot

POUR LE SOLEIL

C'est l'une des cultures les plus pédagogiques, mais pas la plus productive. Comptez surtout sur les haricots à grains, qui sont moins contraignants que les haricots verts.

	J	F	M	A	M	J	J	A	S	O	N	D
PLANTER				X	X	X						
RÉCOLTER						X	X	X				

ASSEZ FACILE

3 MOIS

1. Mettez les graines de haricot à tremper dans l'eau froide pendant une nuit avant le semis pour aider à la levée.

2. Faites un trou de 2 cm de profondeur et placez une graine dedans. Recommencez 5 cm plus loin, en occupant toute la surface du pot.

3. Arrosez en pluie en détrempant le substrat : les trous se rebouchent et le compte à rebours de la levée est lancé.

4. Huit jours après le semis, les plantules doivent émerger, sinon le semis est raté. N'hésitez pas à semer entre d'autres légumes comme ici des betteraves.

5. Faites grimper les tiges des variétés « à rames » (grimpantes) le long d'un support, comme une balustrade.

6. Dans tous les cas, récoltez avant que les gousses ne forment des fils. Sinon, récoltez plus tard et « en grain », lorsque les gousses commencent à sécher.

EN BREF

- Les haricots ont besoin du plein soleil, toute la journée.
- Vous pourrez trouver des plants à repiquer, plus pratiques mais qui reviennent beaucoup plus cher.
- 20 plants de haricots vous donneront entre 250 et 500 g de récolte, pas plus.

Laitue

TENDRE ET DÉLICATE

Rapide, la laitue peut se récolter en quelques semaines. Elle demande un environnement sain car elle pourrit facilement. Et si elle manque d'eau, elle monte à fleur.

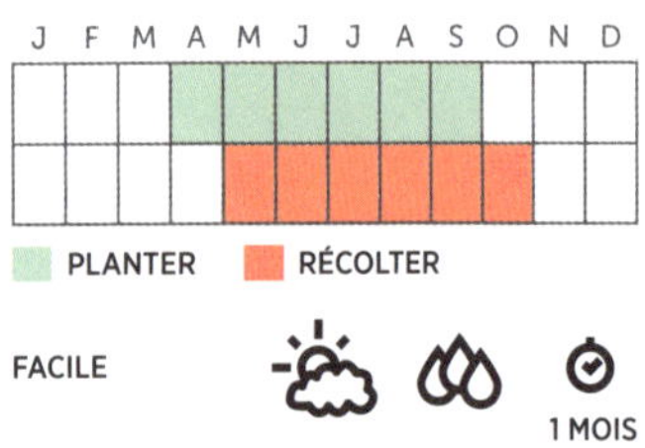

1. Installez les jeunes plants en motte dans une jardinière large, en espaçant les plants d'au moins 20 cm entre eux. Placez-les près des coins.

2. Arrosez copieusement pour faire coller la terre aux racines. Protégez dès maintenant contre les oiseaux s'ils constituent un problème.

3. Pour faire grossir les laitues, il suffit d'arroser régulièrement, c'est-à-dire au moins deux fois par semaine. Le substrat ne doit pas sécher en surface.

4. Les laitues sont très fragiles et le feuillage est vite endommagé par un escargot caché, des pigeons ramiers ou même... le chat. Mais la laitue repart vite une fois protégée.

5. Récoltez les rosettes en les coupant à 3 cm de la base, lorsqu'elles atteignent 20 cm de diamètre. Récoltez si une tige commence à se former (montée à fleur).

6. Si vous avez laissé la racine en place, elle pourra reformer un peu de feuillage, à récolter 3 à 5 semaines après.

EN BREF

- La laitue pousse vite et bien mais épuise le substrat : ne mettez pas de légume exigeant (comme le chou ou les courges) après les laitues.
- Vous pourrez trouver plusieurs variétés (à feuilles plates ou découpées, vertes ou brunes...). Toutes se valent à peu près.
- Une jardinière de taille standard vous donnera de 3 à 4 laitues, voire un saladier supplémentaire avec les repousses.

Mâche

UNE CRUDITÉ D'HIVER

Comme les épinards, la mâche se récolte jusqu'à la fin de l'hiver. Un seul plant remplit une assiette, s'il reçoit un peu de soleil.

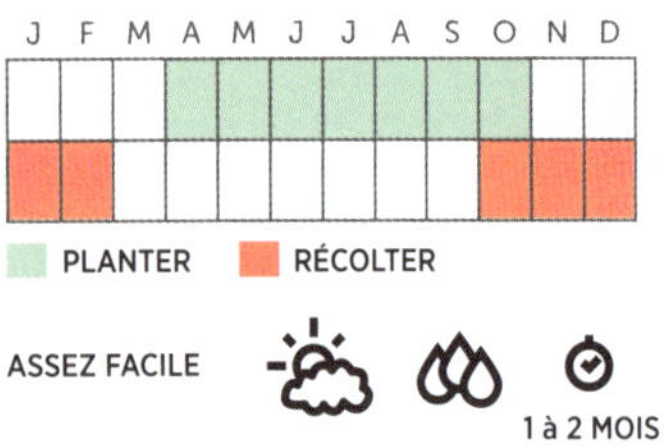

1. Plantez les jeunes plants de mâche dans un terreau standard, en enterrant juste la motte. Attention, les plants sont fragiles !

2. Espacez les plants sur toute la surface de la jardinière, en gardant au moins 10 cm entre chaque.

3. Arrosez pour faire coller le substrat à la motte des plants, et placez à un endroit assez lumineux et surtout bien aéré.

4. Prenez garde à la fonte : les plants dépérissent si la mâche manque de lumière et surtout, reçoit trop d'eau. Un pot mal drainé peut ruiner la culture.

JOYEUX MÉLANGE

La mâche peut se planter en même temps que les épinards et des salades d'hiver. Tout ce petit monde s'accommode bien de vivre dans le même pot, mais respectez un écart suffisant (au moins 20 cm) entre chaque plant.

5. Récoltez la mâche lorsque feuillage a couvert toute la surface de la jardinière. Jusqu'en mars, rien ne presse, mais mieux vaut ne pas trop attendre non plus.

EN BREF

- La mâche est proposée en graines ou en petits plants. La levée des graines est tellement capricieuse qu'il vaut mieux ne compter que sur ces derniers, peu coûteux.
- Une jardinière vous offrira de quoi faire 2 récoltes pour 4 personnes.

Mesclun

LE MÉLANGE INRATABLE

Pour réussir le mesclun, ce mélange de salades, il ne faut qu'une jardinière et un arrosage régulier. Et il donne trois fois.

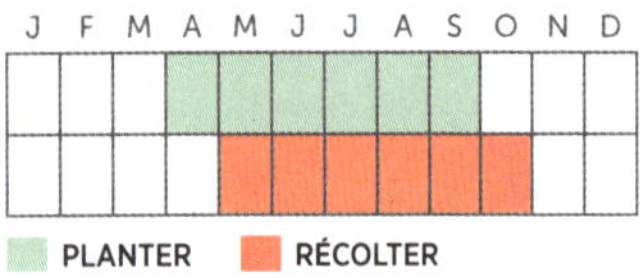

FACILE

1 MOIS

1. Dans un sillon profond de 3 cm, déposez une pincée de graines. Inutile de mettre tout le paquet : 1 graine par cm suffit.

2. Couvrez d'un peu de terreau (5 mm environ), sans tasser. Arrosez en pluie : cela tasse la terre contre les graines et démarre la germination.

3. Dix jours après, les plantules ont levé et elles poussent vite. Protégez des oiseaux (pigeons) qui ont tendance à venir fouiller dans le semis.

4. Arrosez constamment : le mesclun réclame beaucoup d'eau, mais il ne faut pas laisser le pot tremper dans une soucoupe. Seule solution : arroser souvent.

PIQUANT OU PAS ?

Le mesclun est varié, puisqu'il s'agit d'un mélange. Certains sont un peu piquants car ils contiennent de la roquette et de la moutarde.
Plus savoureux que les mesclun non piquants, ils plaisent aussi moins aux jeunes palais. Tous poussent aussi facilement.

5. Récoltez le mesclun en le coupant à 3 cm, aux ciseaux. Recoupez 2 à 3 semaines après pour une nouvelle récolte et jusqu'à 4 fois en tout.

EN BREF

- Le mesclun peut se tenter toute l'année sur les balcons abrités des vents froids. Protégez des oiseaux afin qu'ils ne viennent pas souiller la récolte.
- Vous pouvez laisser la jardinière en intérieur le temps de la levée mais il faudra mettre le tout dehors une fois que les plantules apparaissent.
- Une jardinière vous donnera de 3 à 4 récoltes (un plein saladier à chaque fois).

Piment et poivron

DEUX COUSINS SOLIDES

Les piments et les poivrons ne font qu'un : il s'agit de la même plante, dans sa version piquante (le piment) ou non (le poivron). Ils se cultivent de la même façon : avec du soleil, un pot assez grand et un peu d'engrais.

	J	F	M	A	M	J	J	A	S	O	N	D
PLANTER				PLANTER	PLANTER	PLANTER						
RÉCOLTER								RÉCOLTER	RÉCOLTER	RÉCOLTER		

PLANTER RÉCOLTER

ASSEZ FACILE

3 MOIS

1. Installez un plant par pot, d'une contenance de 10 l environ. Enterrez la motte dans le substrat et recouvrez-la.

2. Arrosez afin de tasser le substrat contre les racines. Si un creux se forme, rajoutez du terreau.

3. Posez un tuteur car le poivron craint le vent. Un seul lien suffit à tenir le plant dans son pot.

4. Les premiers fruits se forment au bout d'1 mois. Entre-temps, arrosez souvent et apportez de l'engrais tous les 15 jours.

5. En cas de canicule, mettez le pot à l'ombre car le poivron peut prendre des coups de soleil. Le fruit reste comestible malgré cela.

6. Récoltez lorsque le fruit devient rouge (ou jaune, selon les variétés). Faites sécher les piments une fois coupés en deux, dans la maison.

EN BREF

- Les poivrons ne piquent pas, à la différence des piments dont certains sont très forts. Les deux ont les mêmes besoins mais les piments se récoltent plus tard et craignent moins le soleil et le vent.
- Un plant de poivron peut atteindre 60 cm de large : réservez un peu de place au pot dès le départ.
- Un plant de poivron vous donnera 800 g de fruit, un piment la moitié environ.

Poireau

POUR L'HIVER

Les poireaux ne donnent pas beaucoup en pot car ils ne deviennent jamais aussi gros que ceux du marché. Mais ils durent des mois, ce qui laisse le temps de les récolter avant le printemps.

	J	F	M	A	M	J	J	A	S	O	N	D
PLANTER					■	■	■					
RÉCOLTER	■	■	■					■	■	■	■	■

PLANTER RÉCOLTER

ASSEZ FACILE

4 MOIS

1. Mettez les plants en place dans une jardinière large, en enterrant la base du plant à 5 cm de profondeur. Espacez de 10 cm.

2. Arrosez dès la plantation pour que la terre adhère à la base du plant. Mettez temporairement à l'ombre s'il fait très chaud.

3. Poursuivez les arrosages de façon régulière. Le poireau résiste au manque d'eau mais cela l'empêche de grossir.

4. Apportez un engrais pour plantes potagères, 1 mois après la plantation. Un seul apport suffit, sauf si le substrat avait déjà servi au moment de la plantation.

5. Vous pouvez effectuer une première récolte d'un plant sur deux, environ 2 mois après la plantation. La place libérée permettra aux plants restants de se développer.

6. Récoltez le tout à votre guise, avant le mois de mars ; les poireaux résistent bien au froid mais craignent les escargots en hiver.

EN BREF

- Les plants de poireau se présentent souvent en petites mottes, ou à racines nues. Les deux reprennent aussi bien.
- Pour la plantation, un petit plantoir est utile mais un bâton peut suffire car le trou à préparer est étroit dans tous les cas.
- Les poireaux prennent peu de place et sont très productifs rapportés à l'espace occupé : comptez de 2 à 4 kg de poireau pour une jardinière de taille standard, et au soleil (la moitié à l'ombre).

Pois

ON MANGE TOUT !

Cultiver des pois n'est pas une priorité sur un balcon mais si vous avez de la place, ils vous apporteront de la diversité. Peu exigeants, ils se consomment de plusieurs façons.

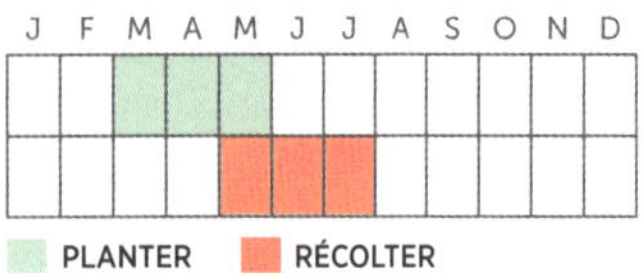

ASSEZ FACILE

2 MOIS

1. Au fond d'un sillon profond de 3 cm, posez une graine tous les 3 cm. Il est plus pratique de semer les pois en rang car ils s'emmêlent.

2. Couvrez les graines en rebouchant le sillon, sans recouvrir de plus d'1 cm. Arrosez copieusement et maintenez détrempé pendant 10 jours.

3. Poursuivez les arrosages, mais un peu moins souvent, lorsque les jeunes pois se développent. Posez un filet si les pigeons s'invitent.

4. Effectuez une première récolte en étêtant les plants alors qu'ils ne dépassent pas 20 cm. Consommez cru.

5. Palissez les tiges sur un support : certaines variétés de pois atteignent jusqu'à 80 cm de hauteur, cultivées en pot. Elles ne retombent pas.

6. Récoltez les gousses au fur et à mesure, tous les 3 jours. Congelez-les dans une boîte où vous accumulerez les petites récoltes.

EN BREF

- Les pois peuvent donner sous trois formes : en pousses à manger en salade, en gousses entières à consommer comme les haricots ou en grains, de façon classique. C'est en gousses vertes qu'ils sont le plus productifs.
- Les pois peuvent donner à l'ombre mais ils attrapent vite le blanc, une maladie qui couvre leurs feuilles. S'ils en sont très atteints, arrachez-les.
- Une jardinière de 50 cm de long avec deux rangs de pois vous donnera environ 200 g de pousses, ou 300 g de gousses.

Pomme de terre

POUR LES GRANDS POTS

Si la culture des pommes de terre est vraiment facile dans un pot, elle ne vaut que pour le côté ludique car les tubercules vous reviendront plus chers que dans le commerce ; mais consommés frais, en primeur, quel délice !

	J	F	M	A	M	J	J	A	S	O	N	D
PLANTER				■	■	■						
RÉCOLTER							■	■	■			

ASSEZ FACILE

3 MOIS

1. Choisissez un pot assez grand, d'une contenance de 10 l, à la fois haut et large. Vérifiez qu'il soit bien drainé au fond, avec des trous d'écoulement.

2. Enterrez 1 à 3 tubercules sous 5 à 10 cm de terre. Si le contenant est très haut, positionnez les tubercules à 20 cm sous le rebord, vous récolterez plus.

3. Laissez pousser les pommes de terre en arrosant mais sans jamais détremper le substrat. Les plants ont besoin du plein soleil à partir de ce moment-là.

4. Apportez un engrais (organique et sous forme liquide), une fois par mois. Cela compense le peu de nourriture qui se trouve dans le substrat.

PIED BIEN CHAUSSÉ

Si le pot est haut et que vous avez planté les tubercules assez bas, regarnissez de terreau lorsque les tiges dépassent de 20 cm. La partie enfouie formera des tubercules supplémentaires. Vous pouvez ainsi monter jusqu'à près d'1 mètre !

5. Récoltez lorsque les tiges commencent à flétrir ou avant, en dépotant doucement le plant. Il pourra alors reformer d'autres tubercules.

EN BREF

- **Tout tubercule de pomme de terre peut être planté. L'idéal est celui qui porte des germes longs de 5 cm.**
- **Des kits de culture de pomme de terre sont disponibles mais ils demandent beaucoup de substrat (jusqu'à 100 l).**
- **Les pommes de terre ne donnent pas tant que ça en pot : un plant donnera 1 kg de tubercule, rarement plus.**

Radis

LE PLUS RAPIDE

Économiques et rapides, les radis demandent vraiment peu de matériel. Et vous serez surpris de la diversité qu'ils offrent, car il en existe de très nombreux types.

	J	F	M	A	M	J	J	A	S	O	N	D
PLANTER					■	■	■	■	■	■		
RÉCOLTER				■	■	■	■	■	■	■		

FACILE — 1 MOIS

1. Au fond d'un sillon profond de 2 cm seulement, déposez la graine de radis. 1 graine par cm suffit. Un semoir vous aidera à ne pas semer plus dense.

2. Couvrez les graines de 5 mm de terreau, en rapportant une fine couche de terre par-dessus. Repérez l'endroit du semis si d'autres légumes vont y voisiner.

3. Arrosez doucement, en pluie, pour ne pas lessiver les graines. Tenez le sol toujours humide, jusqu'à la levée, qui prend quelques jours à peine.

4. Laissez se développer les radis, qui poussent très vite. Mais retirez une partie des plants s'ils se touchent, car les radis ne doivent pas se gêner.

5. Attendez que la racine atteigne 2 cm de diamètre avant de récolter. En attendant, continuez d'arroser régulièrement.

6. Récoltez les radis les plus gros en laissant les plus petits en place, qui pourront donner une deuxième récolte, quelques jours plus tard.

EN BREF

- **Préférez les variétés à racines courtes, qui s'adaptent mieux à la culture en pot. Avec les variétés les plus trapues, un contenant profond de 7 cm suffit.**
- **Les radis sont sensibles et demandent une attention régulière, malgré leur facilité.**
- **Une jardinière standard vous donnera l'équivalent de deux bottes de radis, à condition de ne pas semer trop dru.**

Tomate

POUR BALCONS AU SOLEIL

Le fruit du soleil vient bien en pot mais il ne faudra pas lésiner sur l'engrais et rester attentif au niveau de l'arrosage. Les variétés à petits fruits sont plus faciles à réussir que celles à gros fruits.

J	F	M	A	M	J	J	A	S	O	N	D
				■	■						
						■	■	■			

■ PLANTER (mai, juin) ■ RÉCOLTER (juillet, août, septembre)

MOYENNEMENT FACILE

3 MOIS

GRANDE TOMATE, GRAND POT

Les tomates, autant le savoir, sont toujours un peu décevantes en pot. Pour bien donner, elles doivent recevoir de l'engrais tous les 10 jours, en commençant dans le mois qui suit leur plantation. Les tomates-cerises donnent mieux que les variétés à gros fruits, qui réclament en plus des pots de plus de 15 l, et jusqu'à 30 l.

1. Installez le plant de tomate dans une jardinière haute et large. Enterrez la base du plant sous 5 cm de profondeur (en ayant retiré le pot plastique !).

2. Arrosez copieusement à la plantation et posez un paillis au pied, qui aidera le plant à pousser. C'est le bon moment pour poser un tuteur qui soutiendra le plant.

3. Apportez un engrais spécial pour tomates, bio ou conventionnel, mais plutôt sous forme liquide. Arrosez sans laisser la terre sécher en surface.

4. Coupez de temps à autre les gourmands, ces repousses qui naissent à l'aisselle des feuilles, pour ne garder que la tige principale et toutes ses feuilles.

5. Récoltez les tomates au fur et à mesure, toujours en poursuivant les apports d'engrais. Un fruit qui éclate comme ici trahit un arrosage irrégulier.

EN BREF

- Les tomates réclament le plein soleil, avec au moins 5 h de soleil direct par jour. À l'ombre, vous n'obtiendrez pas grand-chose.
- La taille est indispensable pour les tomates à gros fruits (plus de 5 cm de large). Pour les tomates-cerises, la taille n'est pas nécessaire.
- Bien nourri, un pied de tomate en pot peut donner énormément mais ne comptez pas sur plus de 2 kg.

L'hydroculture

POUR L'INTÉRIEUR

Pas même besoin de pot ou d'un rebord de fenêtre pour cultiver des légumes avec l'hydroculture. Aussi appelée aquaponie ou hydroponie, cette technique ne concerne qu'un petit nombre de légumes.

LE PRINCIPE

Certains légumes acceptent de puiser leurs éléments nutritifs dans l'eau où ils sont dissous. Avec un apport de lumière artificielle (assez puissante), les légumes bénéficient de la température chaude de l'intérieur. Ils peuvent pousser assez vite. Pour y arriver, le plus simple est de faire l'acquisition d'un kit de culture en hydroponie. Il est bien sûr possible de bricoler ses solutions, mais ce sera moins efficace.

LE SEMIS : INSTANTANÉ !

Remplissez un pot de substrat pour hydroculture ou mieux, employez un pot prêt à l'emploi. Faites-le tremper dans l'eau et posez dessus une feuille pré-ensemencée. Les graines germeront avec l'humidité et s'enracineront dans le substrat, pour aller puiser leurs éléments nutritifs dans la solution.

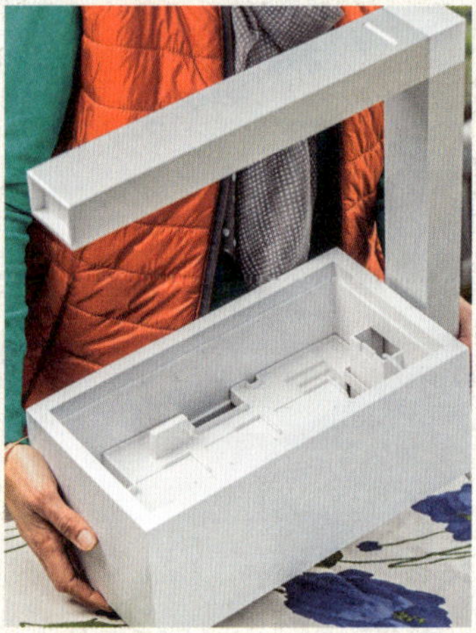

1. Préparez l'appareil. Montez le bac de culture selon le modèle choisi. Les versions avec éclairage intégré sont de loin les meilleures. Remplissez d'eau jusqu'au niveau maximal indiqué.

2. Préparez la solution. Versez une dose d'engrais dans l'eau du bac et mettez la pompe en route afin de dissoudre les grains. L'engrais en hydroculture est souvent un engrais minéral, mais il existe des engrais bio.

3. Préparez les plants. Calez la motte avec des billes d'argile. Ou retirez le maximum de substrat et calez dans un panier ajouré, selon le modèle.

4. Installez les plants. Mettez le pot de culture en place. La base du pot doit effleurer le liquide nutritif et non pas tremper dedans. Les racines sortiront du pot pour aller se nourrir.

5. Laissez pousser.
Si le bac de culture est pourvu d'une pompe, faites-la tourner 3 h par jour. Toutes les 3 semaines, videz la solution et préparez-en une neuve.

À SAVOIR

- L'hydroculture est incompatible avec le terreau que l'on emploie dans les pots. La tourbe de coco ou les billes d'argile sont les matières les plus adaptées. De la laine de roche spéciale est aussi employée.
- L'hydroculture peut se pratiquer avec presque n'importe quel récipient étanche, si on a un peu d'expérience.

LES MEILLEURS LÉGUMES EN HYDROCULTURE

Vous ne récolterez pas à pleins paniers (sauf à voir les choses en très grand) mais ces variétés-là vous garantissent de quoi croquer du frais, et sans jardin !

TOMATE-CERISE
Les tomates adorent la culture en hydroponie. Si l'installation et la lumière sont suffisantes, vous pourrez envisager des variétés à gros fruits. Il leur faudra beaucoup de lumière, beaucoup de place, beaucoup de solution nutritive. Sinon, les tomates-cerises, plus menues, sont adaptées aux bacs de petites dimensions.

PAS DE GROSSES RACINES

La culture en hydroponie n'est pas adaptée à tous les légumes dont on consomme la racine, car l'espace disponible n'est que pour les feuilles. Carottes, pommes de terre ou radis ne sont donc pas adaptés à la culture en hydroponie. Seule exception : le navet.

BASILIC
Toutes les variétés marchent bien en hydroculture. Semez-le comme indiqué p. 84 ou placez de très jeunes plants (moins de 5 cm) dans un pot empli de billes d'argile. À récolter souvent.

CHOUX
Ce sont surtout les choux à feuilles, comme le kale (voir p. 54) que l'on peut cultiver en hydroponie. Ils sont toutefois plus sensibles aux maladies, en particulier les pucerons qui peuvent y proliférer.

CRESSON ALÉNOIS
À semer à la surface d'un pot empli de tourbe de coco, il se récolte en 15 j, pour redonner une récolte 15 j plus tard. C'est le plus rapide des légumes, en terre ou en hydroculture. Mais il pique un peu, comme un cresson.

LAITUE
Les « feuilles de chêne » et les batavias sont particulièrement faciles à faire pousser en hydroculture. Attention, elles deviennent énormes (plus de 50 cm de diamètre). Récoltez-les lorsqu'elles sont jeunes.

MOUTARDE JAPONAISE
Cousines du cresson, ces crudités poussent vite et se consomment crues ou cuites. Elles se récoltent plusieurs fois. Pour découvrir de nouvelles saveurs et épater les amis avec l'hydroponie, vous ne trouverez pas mieux.

FRAISIER
Ce n'est pas le mieux adapté à l'hydroponie car il n'aime pas la chaleur. Réservez-le aux pièces où la température maximale en hiver ne dépasse pas 15 °C. Taillez ses stolons comme indiqué p. 96.

LES FRUITS

De la petite baie acidulée à la grosse pomme, la palette de fruits à cultiver en pot est large. Tous ou presque réclament un arrosage régulier, un grand pot, et des apports d'engrais tout au long de la belle saison.

Agrumes

CITRONS ET COMPAGNIE

Les agrumes sont sans doute les meilleures plantes à fruit à cultiver en pot. Ils sont vraiment très faciles, à condition de respecter leurs deux besoins essentiels : l'eau et l'engrais.

	J	F	M	A	M	J	J	A	S	O	N	D
PLANTER	X	X	X	X	X	X	X	X	X	X	X	X
RÉCOLTER									X	X	X	

ASSEZ FACILE

6 MOIS

1. Apportez un engrais très régulièrement au plant d'agrume : tous les 15 jours, ajoutez une dose d'engrais liquide à l'eau d'arrosage.

2. Arrosez l'agrume aussi souvent que nécessaire afin que la terre du pot ne sèche pas en profondeur. Elle doit juste commencer à sécher en surface.

3. Tous les ans, retirez la terre du dessus du pot et remplacez-la par du terreau frais. Dans l'idéal, ajoutez de l'engrais à libération lente.

4. Raccourcissez les pousses qui s'allongent pour garder un port compact et trapu au sujet. Faites-le régulièrement, sans quoi l'agrume se dégarnit du bas.

5. Pulvérisez une huile anti-cochenilles si ces insectes, ressemblant à des écailles, prolifèrent. Avant, essayez de les retirer avec de l'alcool à 70°.

6. Récoltez les fruits selon vos besoins : ils peuvent rester plusieurs mois sur les branches sans se perdre.

EN BREF

- En intérieur, seul fructifie l'oranger calamondin, à consommer comme un petit citron.
- Par temps froid (gel à -3 °C et moins), rentrez l'agrume en intérieur, mais ressortez-le après.
- Si l'agrume perd toutes ses feuilles, taillez très court, rempotez et reprenez les arrosages.
- Selon les cas, un agrume vous donnera entre 250 g et 2 kg de fruits par an, parfois plus.

Cerise

UN DÉLICE QUI SE MÉRITE

Cueillir des cerises demande de bien soigner l'arbre, qui demande un peu de patience avance de fleurir. Pour y parvenir, choisissez une variété de cerisier nain, naturellement compact.

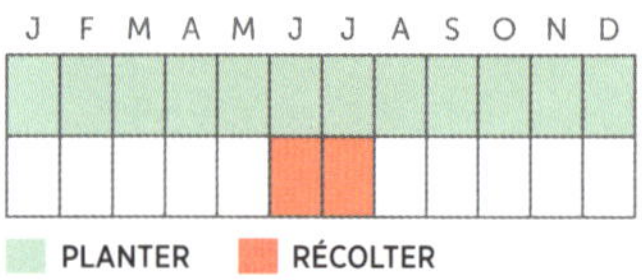

MOYENNEMENT FACILE

2 ANS

1. Sélectionnez un cerisier à port trapu ou à défaut, un cerisier pourvu d'une courte tige. Évitez les grands sujets, et prenez un pot d'au moins 20 l à 30 l.

2. Installez le cerisier en enterrant le haut de la motte sous 2 cm de terreau. Employez un substrat de bonne qualité mais qui laisse bien s'écouler l'eau.

3. Apportez un engrais à libération lente dès la plantation, à raison de deux cuillères à café pour un arbre dans son pot. Enterrez-le sous quelques centimètres, sur toute la surface.

4. La floraison du cerisier se produit facilement si l'arbre est régulièrement arrosé durant la belle saison qui précède. Mais toutes les fleurs ne donneront pas de fruit.

5. Lorsque les fleurs forment des fruits, protégez-les en couvrant l'arbre d'un filet, car les oiseaux en raffolent. Un vieux filet à patates fera l'affaire.

6. Récoltez les cerises lorsqu'elles sont complètement rouges mais attention : certaines variétés restent orange alors que d'autres deviennent presque noires.

EN BREF

- Le cerisier ne se taille pas, sauf s'il devient très encombrant. Dans ce cas, raccourcissez les branches en mai, en sachant que la silhouette du sujet en sera affectée.
- Les cerisiers à fleurs roses doubles ne donnent pas de fruit, ils sont juste décoratifs : on ne peut pas tout avoir !
- Un cerisier choyé et en pleine forme vous donnera jusqu'à 1 kg de cerises, rarement plus.

Figue

BEAU, FACILE ET COSTAUD

Rien que son feuillage mérite qu'on cultive un figuier, dont la taille s'adapte aux conditions qu'on lui offre. Mais pour récolter, l'arrosage sera primordial.

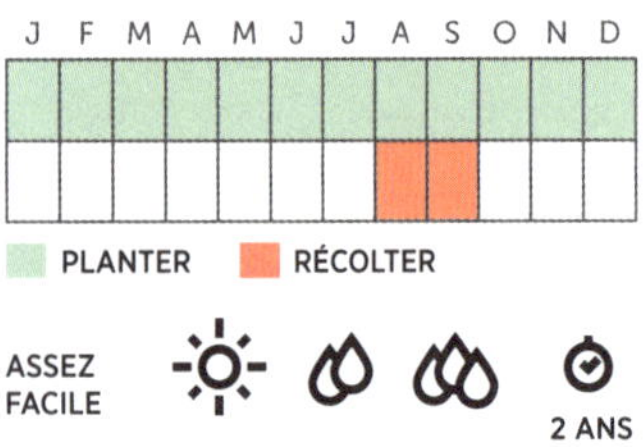

1. Installez le figuier dans un pot de forme quelconque mais d'un volume d'au moins 20 l : il peut devenir énorme ! Le figuier n'est en revanche pas regardant sur le substrat, qui peut être de réemploi.

2. Apportez de l'engrais dès la plantation, en privilégiant une forme à libération lente (granulés). Comptez une cuillère à soupe pour un sujet de 50 cm, le double pour un figuier d'1 m.

3. Mettez en place l'arrosage automatique : vous ne récolterez pas de figue sans un arrosage très régulier et copieux, un peu comme les agrumes.

4. Vous pouvez attacher les branches du figuier pour le forcer à couvrir un mur (c'est le palissage). Fixez d'abord un treillis sur le mur.

5. Les jeunes figues se forment des mois à l'avance, au printemps ou l'automne pour le printemps suivant : dans les régions froides, seules les premières pourront être récoltées.

6. Cueillez les figues au fur et à mesure : le figuier qui se met à donner est généralement très régulier dans sa production.

EN BREF

- Choisissez une variété comme 'Ronde Bordeaux', bien adaptée à la culture en pot.
- Les figuiers sauvages ne donnent rien, ne vous en embarrassez pas, sauf pour la déco.
- Protégez le figuier du froid lorsque les températures extérieures descendent en dessous de -10 °C. Vous pouvez le remiser au frais et à l'obscurité pendant ce temps.
- Un figuier en pot pourra vous donner 500 g de fruits, mais le résultat est très variable.

Fraise

GÉNÉREUSE

Un pot, un peu d'engrais et de l'eau : les fraises ont la vigueur du légume mais l'intérêt du fruit et une toute petite jardinière suffit.

	J	F	M	A	M	J	J	A	S	O	N	D
PLANTER	■	■	■	■	■	■	■	■	■	■	■	■
RÉCOLTER					■	■	■	■	■			

FACILE

3 MOIS

1. Plantez les fraisiers dans un pot plus haut que large. Il existe des « tours à fraisiers », bien pratiques. Employez un terreau standard, et espacez les plants de 15 cm.

2. Apportez un engrais liquide régulièrement : les fraisiers sont de vrais gloutons ! Arrosez toujours une heure avant d'apporter l'engrais et respectez bien le dosage indiqué sur l'emballage.

3. Retirez les feuilles jaunes ou flétries au fur et à mesure, pour garder les plants propres. Un feuillage dense est signe de bonne santé du fraisier.

4. Coupez les « gourmands » qui se forment en tous sens, pour ne garder que les pieds d'origine. Vous pouvez replanter les gourmands dans un autre pot.

DES VARIANTES

Si la meilleure variété de fraises à cultiver en pot est 'Gariguette' (elle donne plusieurs mois par an), vous pouvez aussi préférer un fraisier à fleurs roses, qui décore au moment de la floraison. Les fraisiers grimpants, eux, sont des variétés dont les gourmands sont capables de donner des fraises. Il leur faut un grand pot et les mêmes soins que les autres fraisiers, mais plus d'engrais encore (tous les 10 jours).

5. Récoltez au fur et à mesure, en protégeant les plants si besoin contre les oiseaux, par un filet. Pendant ce temps, poursuivez les arrosages et les apports d'engrais.

EN BREF

- Les fraisiers durent environ 3 ans en pot : après, il faut les renouveler, en jetant les vieux pieds et en en replantant de nouveaux (ou des gourmands).
- Les fraisiers viennent bien à la mi-ombre. Évitez-leur le plein soleil en été et protégez-les de l'excès d'eau en hiver, en ne les laissant pas sous les ruissellements pluviaux.
- Un plant de fraisier peut donner jusqu'à 250 g de fraises, soit une barquette.

Framboise

LE PETIT FRUIT INCONTOURNABLE

Faire pousser un framboisier, c'est vraiment très simple. Mais pour qu'il donne beaucoup, en revanche, il faudra rester attentif au quotidien.

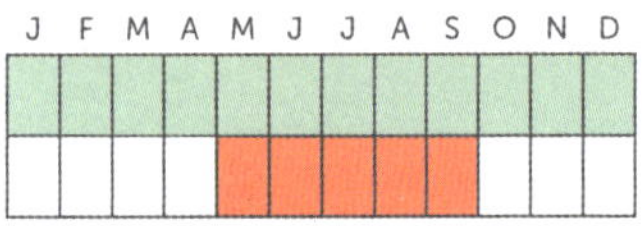

PLANTER RÉCOLTER

MOYENNEMENT FACILE

1 AN

1. Plantez le framboisier dans un pot plus large que haut, à n'importe quel moment de l'année.

2. Apportez de l'engrais à deux ou trois reprises au cours de l'année. Arrosez-le régulièrement, car la terre ne doit jamais sécher jusqu'au fond du pot.

3. Taillez le framboisier sans vous prendre la tête : coupez les tiges mortes, c'est tout ! Faites-le à n'importe quel moment de l'année.

4. Si le framboisier produit trop de pousses, elles seront nombreuses mais pas très productives : n'en gardez au maximum qu'une dizaine pour un gros pot et coupez les autres.

LONGUE DURÉE

les framboisiers vivent longtemps en pot mais n'y produisent pas forcément une grande densité de tiges. Pour optimiser la place, vous pouvez planter des légumes au pied, comme le basilic ou des laitues.

5. Récoltez avant que les oiseaux ne passent. La tige qui a fructifié une année redonne parfois l'année d'après, mais moins.

EN BREF

- Choisissez de préférence une variété « remontante », qui donne à l'automne la première année, et au printemps la seconde année. Les variétés à fruits jaunes attirent moins les oiseaux.
- Un pied en pot vous donnera l'équivalent d'un bol de framboises chaque année, et jusqu'à 1 kg dans une grande jardinière rectangulaire.

FRUITS EXOTIQUES

Ces autres plantes à fruits craignent le froid mais si vous disposez d'un coin très abrité ou d'une baie très lumineuse (et pas trop chaude en hiver), vous pourrez les cultiver. Ils sont souvent très décoratifs, même sans fruits.

ARBOUSIER
L'arbre aux fraises, son autre nom, est un arbuste à laisser dehors. Il est en feuilles toute l'année et fleurit en hiver. Il lui faut l'année entière pour que ses fruits se colorent de jaune puis de rouge. Ce ne sont pas les meilleurs des fruits mais l'arbuste vit longtemps et ne demande qu'un arrosage régulier.

FEIJOA
Ce petit arbuste résiste bien au gel, même en pot (au moins jusqu'à -10 °C). Ses fruits rappellent la goyave. Facile à cultiver mais au soleil et en l'arrosant bien en été.

GOYAVE

La goyave tropicale (celle des jus et des nectars) est difficile et rare mais la goyave à petits fruits se trouve plus facilement. Cultivez ce buisson en intérieur en hiver, en l'arrosant très souvent. En été, laissez le pot dehors, à la mi-ombre. Produit une poignée de fruit par an.

PÉPINO

Ce cousin des tomates vit plusieurs années et forme un petit buisson. En été, il porte des fleurs qui se transforment en un gros fruit vert puis crème zébré de violet. Cueilli très mûr, celui-ci a le goût et la texture du melon. Rentrez-le au chaud et à la lumière en hiver, et apportez-lui autant d'engrais qu'aux tomates.

FIGUE DE BARBARIE

La figue de barbarie est portée par un cactus (*Opuntia ficus-indica*), à cultiver en intérieur d'octobre à mai. Il lui faut de l'espace, beaucoup de soleil et un très grand pot car il devient grand. Arrosez-le régulièrement durant la belle saison, avec trois apports d'engrais en tout. Mais c'est une belle plante d'intérieur, très résistante à la sécheresse et à la chaleur.

GRENADE

Le grenadier, arbuste gracile, perd ses feuilles en hiver et ne craint que les grands froids. Cultivez-le en plein soleil. Arrosez-le et fertilisez-le régulièrement pour obtenir des fruits.

Groseille et cassis

INRATABLE OU PRESQUE

De taille naturellement petite et pas exigeants sur la qualité de la terre, le groseillier comme le cassissier tiennent longtemps en pot. Il faudra les tailler pour optimiser les récoltes.

	J	F	M	A	M	J	J	A	S	O	N	D
PLANTER	■	■	■	■	■	■	■	■	■	■	■	■
RÉCOLTER							■					

FACILE

1 AN

1. Choisissez un pot assez large, mais pas forcément très profond, les racines du groseillier étant peu profondes. 10 l suffisent.

2. Plantez le sujet dans le pot en le centrant. Enterrez la motte sous 2 cm de substrat et arrosez bien. Un paillis est souvent utile pour garder la fraîcheur au pied.

3. Taillez le groseillier et le cassissier de façon très simple : coupez les rameaux morts et ceux qui ne portent presque pas de feuilles en plein été. Laissez les autres sans intervenir.

4. Laissez pousser le groseillier à sa guise. Il n'a normalement pas d'autre besoin qu'un arrosage régulier et quelques apports d'engrais. Les fleurs donnent toujours des fruits.

5. Apportez un engrais solide (sous forme de granulés ou de poudre) si vous n'apportez pas d'engrais liquide. Dans ce cas, apportez un peu d'engrais, griffez en surface et arrosez aussitôt.

6. Récoltez les fruits lorsqu'ils sont mûrs, en les ayant goûtés au préalable.
Vous pouvez faire attendre un peu mais les oiseaux les adorent et il faudra protéger par un filet.

EN BREF

- En pot, les cassissiers et les groseilliers à grappes viennent plus facilement que les groseilles à maquereau (à gros fruits). Ils craignent peu les maladies.
- Le groseillier n'a horreur que d'une chose : les soucoupes qui gardent de l'eau en permanence. Veillez à ce que le substrat ne soit pas constamment détrempé.
- Un sujet vous donnera environ 200 g de groseilles, au bout de 2 ans.

Kiwaï

LE COUSIN DU KIWI, EN MIEUX !

Le kiwaï est un petit kiwi à la peau lisse, qui vient facilement en pot. Il produit plus vite que le kiwi, qui lui met parfois plus de 5 ans pour faire des fruits. Le feuillage est décoratif. Bien sûr, le kiwi vient aussi en pot.

	J	F	M	A	M	J	J	A	S	O	N	D
PLANTER	■	■	■	■	■	■	■	■	■	■	■	■
RÉCOLTER										■	■	

MOYENNEMENT FACILE

2 À 3 ANS

1. Sélectionnez un pot de bonne capacité, soit 20 l au moins pour un sujet de kiwaï. Installez un seul sujet par pot et prenez un substrat de la meilleure qualité possible.

2. Installez le plant bien à la verticale. La tige, souple, peut se plier et le plant serait alors endommagé. Enterrez la motte sous 1 cm de substrat.

3. Positionnez le pot contre un mur et attachez les rameaux soit à des crochets fixés dans le mur, soit à un fil tendu le long du mur ou encore à un treillis lui-même fixé.

4. Taillez les rameaux qui prennent trop de place, mais lorsque la plante est en feuilles. Elle fleurit en avril-mai et il ne faudrait pas couper les parties qui porteront des fruits.

5. Apportez un engrais liquide une fois par mois, de mai à septembre. Vous pouvez aussi choisir un engrais à libération lente, une bonne fois pour toutes, à incorporer début mai.

6. Récoltez les kiwaïs et les kiwis (comme ici) lorsqu'ils deviennent mous au toucher. Vous pouvez aussi les cueillir avant et les faire mûrir au réfrigérateur.

EN BREF

- En hiver, raccourcissez les tiges de l'année passée des deux tiers, pour ne pas le laisser prendre trop d'ampleur. Vous pouvez aussi le laisser grimper à sa guise.
- Pour récolter, choisissez impérativement une variété autofertile, ce qui est précisé sur l'étiquette. Sinon, vous n'aurez pas de fruit.
- Un plant en pot peut vous donner jusqu'à 500 g de fruits et même plus dans une très grande jardinière, mais au bout de 2 ans et plus.

Melon

LUDIQUE

Peu cultivé en pot, le melon y donne bien mais assez peu. Vous récolterez des fruits ayant cette même saveur que ceux du commerce, cueillis juste à point : inoubliable. Mais attention : sortez l'engrais !

J	F	M	A	M	J	J	A	S	O	N	D
				PLANTER	PLANTER						
						RÉCOLTER	RÉCOLTER				

PLANTER RÉCOLTER

ASSEZ FACILE

3 MOIS

1. Choisissez un pot aussi grand que celui que vous prendriez pour une courgette. Mieux vaut qu'il soit plus large que haut, mais ce n'est pas obligatoire.

2. Installez le plant en prenant soin de ne pas le casser. Rapportez doucement le substrat au pied après avoir glissé la motte dans un trou juste assez grand pour la loger.

3. Arrosez copieusement dès la plantation et par la suite. Comme toutes les courges, le melon exige beaucoup d'eau, mais ne doit pas y tremper en permanence.

4. Coupez les parties de tiges qui flétrissent : cette taille est purement esthétique et n'influe pas sur la vigueur du plant. Mais gardez tout ce qui est bien vert.

5. Le premier fruit se forme au bout d'1 mois environ après la plantation. Il grossit vite mais le plant, à ce moment-là, ne doit porter qu'un seul fruit. Retirez les autres.

6. Récoltez le melon lorsque l'attache à la base du fruit commence à se fendiller. Une fois le fruit cueilli, vous pouvez en laisser un autre se développer, et ainsi de suite.

EN BREF

- Il existe plusieurs qualités de plants de melon. Le top ? Les plants greffés, plus chers mais plus vigoureux et qui donnent à coup sûr.
- Ne manquez pas d'apporter de l'engrais au melon, aussi souvent qu'aux tomates, et cultivez-le en plein soleil.
- Un plant en pot vous donnera 2 fruits en moyenne, mais seul le premier sera de telle normale.

Mûre

AVEC OU SANS ÉPINES

La mûre que l'on récolte est portée par une ronce cultivée, dont il existe des variantes. Mais aujourd'hui, certaines sont vraiment faites pour la culture en pot.

	J	F	M	A	M	J	J	A	S	O	N	D
PLANTER	■	■	■	■	■	■	■	■	■	■	■	■
RÉCOLTER							■					

MOYENNEMNT FACILE

1 AN

1. Plantez le pied de mûre dans un pot aussi large que haut. La ronce est très tolérante et supporte les erreurs, du moment que le pot est pourvu de trous de drainage.

2. Déposez une couche d'écorce de pins ou de billes d'argiles pour garder la fraîcheur au pied. La ronce n'aime pas que le substrat devienne trop sec.

3. Étêtez les jeunes pousses pour les forcer à se ramifier : elles donneront mieux. Cette étape, qui est un plus, n'est pas obligatoire.

4. Coupez à ras les tiges qui dépérissent, lorsqu'elles finissent leur deuxième année. Les tiges se renouvellent mais ne vivent pas plus vieux.

MI-MÛRES, MI-FRAMBOISES

Il existe des intermédiaires entre les framboisiers et les mûres, car ce sont des plantes proches sur le plan botanique. Baptisées mûroises, tayberry ou loganberry, ces plantes ressemblent aux mûres mais sont trop vigoureuses pour bien donner en pot.

5. Récoltez les mûres lorsqu'elles sont bien noires. Elles craignent un peu moins les oiseaux que les framboises ou les fraises. Apportez un engrais après la récolte.

EN BREF

- « Mûrier » désigne aussi un arbre aux fruits comestibles (*Morus*), qui produit peu en pot, mais offre de belles feuilles décoratives.
- Préférez la variété 'Reuben', dont les tiges donnent deux années de suite. Il n'est pas besoin de la tailler et elle reste compacte.
- Un plant de ronce en pot vous donnera moins de 100 g de fruits. À déguster comme des bonbons...

Myrtille, airelle et canneberge

CULTURE IDENTIQUE

Tous les petits fruits de terre acide se cultivent de la même façon. Un pot pas trop grand, pas trop de lumière et pas trop de chaleur : ce sont les petits fruits parfaits pour les balcons sans soleil ! Et en plus, ils décorent toute l'année.

	J	F	M	A	M	J	J	A	S	O	N	D
PLANTER	■	■	■	■	■	■	■	■	■	■	■	■
RÉCOLTER								■	■	■	■	

ASSEZ FACILE

1 AN

1. Déposez une couche de billes d'argile de 3 cm au fond du pot. Préparez de la terre de bruyère si vous en trouvez mais pour ces arbustes, un terreau classique conviendra aussi.

2. Mettez le plant en place, juste retiré du pot. Faites tremper 1 heure auparavant si la motte est sèche. Arrosez après plantation pour faire coller la terre aux racines.

3. Mieux vaut que le pot comporte de gros trous de drainage. Pour éviter que les billes d'argile ne s'échappent par le fond, posez une grille plastique, découpée dans une grille alimentaire.

4. Suivez la croissance de la plante simplement en arrosant régulièrement. Faites un ou deux apports d'engrais mais pas plus : myrtille et canneberge poussent toujours lentement.

MYRTILLE OU BLEUET ?

La vraie myrtille des montagnes est une petite plante qui ne donne rien en pot. Seule la myrtille arbustive, à gros fruits, donne de façon significative. Elle forme un arbuste décoratif et peut porter une belle quantité de fruits mais attention, ils seront à récolter pendant l'été, peut-être lorsque vous serez en vacances...

5. Récoltez lorsque les fruits sont bien colorés. Si le plant est à l'étroit, c'est alors le meilleur moment pour le placer dans un pot plus large de 5 cm, dans le même substrat.

EN BREF

- La myrtille a un port érigé et demande quelques heures de soleil en journée. La canneberge, plus basse, est moins exigeante et peut donner même à l'ombre complète, ce qui n'est pas courant chez les plantes à fruits.
- Myrtille et canneberge ne demandent aucun entretien. Coupez éventuellement les tiges mortes, c'est tout.
- Un plant de myrtille vous donnera jusqu'à 150 g de fruits, une canneberge moins de la moitié.

Olive

AUSSI DÉCO QU'UTILE

Tous les oliviers donnent des fruits mais une variété fruitière portera des olives plus grosses, à préparer en saumure, pour combiner l'utile à l'agréable.

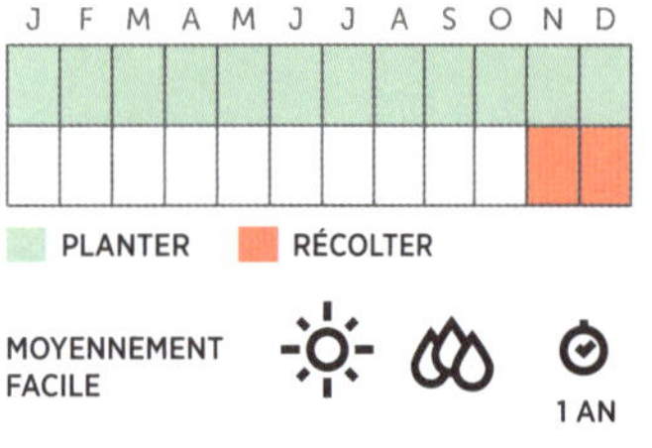

1. Installez l'olivier dans un pot assez grand, c'est-à-dire au moins 30 l. Dans un pot plus petit, vous n'aurez que des feuilles décoratives, mais pas d'olives à récolter.

2. Tous les ans en mars, sortez le plant du pot, faites tomber le substrat en surface avec une griffe à main. Remettez en pot et rajoutez du substrat frais, avec un engrais à libération lente.

3. Apportez un engrais liquide en cours de saison afin d'encourager l'olivier. Faites-le à 3 ou 4 reprises, pas aussi souvent que pour un agrume. Arrosez aussi régulièrement.

4. Si l'olivier fleurit (en mars), il y a de bonnes chances que vous ayez des olives plus tard. Sinon c'est qu'il a eu faim durant l'année passée : renforcez les apports d'engrais.

5. Récoltez les olives lorsqu'elles commencent à passer du vert au noir, pour les préparer en saumure. Elles mûrissent de façon étalée et il pourra s'écouler 1 mois entre les premières et les dernières.

6. Taillez l'olivier à fruit après la récolte, mais avant la floraison. Raccourcissez les rameaux, coupez à ras les plus malingres. À combiner avec le surfaçage.

EN BREF

- L'olivier n'attend pas pour mettre à fruit mais s'il a faim, il peut rester très longtemps sans fleurir.
- Le plant peut souffrir des hivers rudes. En cas de gros coup de froid, gardez-le à la cave mais pas en intérieur, il perdrait toutes ses feuilles.
- Un olivier en pot vous donnera jusqu'à 75 g d'olives, mais ce sera souvent moins.

Pastèque

IMPATIENTS S'ABSTENIR

Rien que pour son feuillage découpé, la pastèque apporte une touche d'insolite sur le balcon. Mais pour récolter une pastèque, il faudra de l'engrais, et souvent…

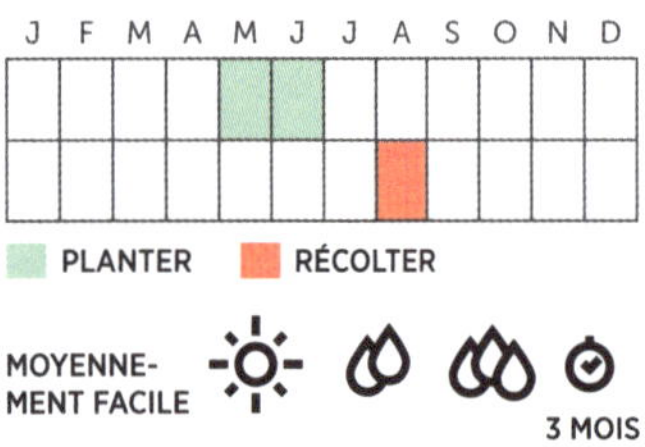

1. Installez le plant de pastèque dans un pot de la forme de votre choix mais aussi grand, voire plus, que pour une courgette. Attention à ne pas casser la tige.

2. Laissez le plant pousser car il forme beaucoup plus de feuilles que le melon avant de former un fruit. Si vous avez opté pour un pot en hauteur, l'effet sera déjà décoratif.

3. Arrosez régulièrement le plant et apportez de l'engrais une fois sur trois, soit tous les 10 jours environ, mais pas avant que le premier fruit n'ait commencé à se former.

4. Lorsque le premier fruit se forme, apportez de l'engrais très régulièrement et poursuivez les arrosages.

5. Retirez tous les jeunes fruits qui se formeraient en même temps ou après. Le plant de pastèque ne peut donner qu'un seul fruit en pot.

6. Récoltez la pastèque lorsqu'elle ne grossit plus. La vrille la plus proche du fruit sur la tige se met alors à sécher, ce qui est le signe.

EN BREF

- Une seule variété est disponible en plant, 'Sugar Baby'. C'est la plus adaptée à la culture en pot.
- Le feuillage de la pastèque est très décoratif. Vous pouvez planter la pastèque dans le pot d'une autre plante, mais elle ne fera pas de fruit de taille à être récolté.
- En pot, un plant de pastèque ne donne qu'un seul fruit, d'à peu près 1 kg, voire un peu plus.

Pêche

FACILE MAIS CHICHE

Cueillir des pêches est beaucoup plus simple que de cueillir des abricots. Le pêcher est naturellement trapu et il est fait pour la vie en pot. Il y donne peu mais sans trop de peine.

	J	F	M	A	M	J	J	A	S	O	N	D
PLANTER	■	■	■	■	■	■	■	■	■	■	■	■
RÉCOLTER							■	■	■			

MOYENNEMENT FACILE

2 ANS

1. Plantez le pêcher dans un pot plus haut que large car ses racines plongent en profondeur. Choisissez un pot lourd, car le pêcher se renverse facilement sous le coup du vent.

2. Arrosez copieusement le plant si vous l'installez en été. S'il est dépourvu de feuilles, arrosez-le juste assez pour que le substrat se tasse. Exposez le pot au soleil.

3. Surveillez la mise à fruit : un pêcher qui fleurit porte souvent quelques pêches, mais il aura dû être bien nourri l'année précédente pour les conserver.

4. Le feuillage du pêcher se recroqueville en cloques rouges : c'est une maladie peu courante en ville, favorisée par les endroits mal aérés. Si la maladie a atteint toutes les feuilles, traitez avec un produit spécifique.

5. Raccourcissez les tiges qui se forment en cours d'année, en retirant leur extrémité. Le pêcher n'a pas besoin de taille plus importante.

6. Récoltez les fruits lorsqu'ils commencent à exhaler une bonne odeur de pêche. Si le fruit s'est fendu, il faudra le récolter plus tôt car il risque de tourner.

EN BREF

- Les brugnons et nectarines sont portés par des arbres ressemblant au pêcher. Tous se cultivent de la même façon mais le pêcher porte plus facilement des fruits.
- L'abricotier, lui, peut produire sur une terrasse baignée par le soleil, dans un très grand pot. Ailleurs, il végète.
- Un pêcher (ou un nectarinier) vous donnera jusqu'à 1 kg de fruit, mais pas tous les ans.

Physalis

DES BONBONS BIEN EMBALLÉS

Aussi appelé coqueret, le physalis met un peu de temps à mûrir mais tient souvent jusqu'à Noël en ville. Et en plus, les enfants adorent ses fruits acidulés et rigolos.

	J	F	M	A	M	J	J	A	S	O	N	D
PLANTER					■	■						
RÉCOLTER								■	■	■	■	

FACILE

6 MOIS

1. Placez le plant de physalis dans un pot de 5 l ou plus. Un pot plus large facilitera la culture et surtout, aidera au maintien du plant.

2. Placez un tuteur dès le départ. Comme pour le poivron, il ne sera pas nécessaire d'y attacher les tiges très régulièrement. Le tuteur sert plus de béquille pour gagner de la place.

L'AUTRE PHYSALIS

La lanterne chinoise (*Physalis franchettii*) est un cousin du coqueret vivace, c'est-à-dire qu'il revient tous les ans. Très décorative, cette plante est comestible mais ses fruits n'ont vraiment aucun intérêt sur le plan gustatif. Pour la déco, mais pas pour l'assiette !

3. Le physalis forme rapidement des fruits mais ils mûrissent lentement. En attendant, poursuivez les arrosages et les apports d'engrais, une fois par mois.

4. Retirez les feuilles mortes au fur et à mesure. Le plant se dégarnit de la base, ce qui est normal. Il n'y a aucune taille à effectuer, sauf s'il prend trop de place.

5. Récoltez les physalis lorsque la coque qui entoure le fruit devient de couleur beige et sèche. Les fruits peuvent se conserver plusieurs semaines tels quels, au frais.

EN BREF

- Les plants de physalis peuvent se trouver tard dans le commerce, jusqu'en juillet. Mais n'attendez pas plus tard que la fin juin pour les planter, car la mise à fruit est assez lente.
- À l'ombre, les physalis forment plus de feuilles et moins de fruits, mais en portent un peu quand même.
- Un plant bien nourri et en plein soleil vous donnera environ 100 g de fruits.

Poire

PLUS FACILE QUE LE POMMIER

Une magnifique floraison et une grande facilité à former des fruits : le poirier vaut vraiment le coup en pot.

	J	F	M	A	M	J	J	A	S	O	N	D
PLANTER	x	x	x	x	x	x	x	x	x	x	x	x
RÉCOLTER									x	x		

MOYENNEMENT FACILE

2 ANS

1. Installez le poirier dans un pot haut et large, d'au moins 20 l. Ce peut être un pot noir bon marché que vous camouflez, tant que le pot laisse bien s'écouler l'eau.

2. Apportez un engrais à libération lente au plus tard en avril, si vous plantez en automne ou en hiver. Plus tard, il faudra apporter un engrais liquide, si des fruits se sont formés.

3. Le poirier fleurit généreusement mais seules quelques fleurs passent le cap du jeune fruit. À ce moment-là, c'est gagné ! Restez aux petits soins avec l'arbre.

4. Raccourcissez les branches qui se forment en cours d'année : coupez-les à 5 cm de long seulement. Faites de même avec les branches qui repousseront en réaction à cette taille.

LE POIRIER, POUR TERRASSES ABRITÉES

Le poirier est un arbre un peu plus capricieux que d'autres. Il craint en particulier le vent desséchant et les emplacements très minéraux en ville. Placez-le contre un mur, à l'Ouest. Au nord, il attrape des maladies et au sud, il peut perdre ses feuilles par temps sec en été. Il se mérite !

5. Récoltez les poires avant qu'elles ne vous semblent mûres, car elles mûrissent plus tard. Gardez-les au réfrigérateur et sortez-les 2 jours avant consommation.

EN BREF

- **Parmi les variétés disponibles, choisissez 'William's' ou 'Guyot'. Cette dernière se récolte plus tôt (août) que la seconde. Ce sont les deux variétés les plus faciles à cultiver et qui ont un port naturellement trapu.**
- **Attachez le poirier à un mur s'il dépasse 60 cm car le vent le fait facilement tomber.**
- **Un poirier en pot vous donnera 1 à 2 kg de poires, rarement plus.**

Pomme

UNE COLONNE DE POMMES

Les pommes non bio reçoivent jusqu'à 37 traitements par an : cela vaut le coup de cultiver ses pommes ! En choisissant une variété de pommier qui ne pousse qu'en colonne, vous gagnerez de la place.

	J	F	M	A	M	J	J	A	S	O	N	D
PLANTER	■	■	■	■	■	■	■	■	■	■	■	■
RÉCOLTER									■	■		

MOYENNEMENT FACILE

3 ANS

1. Choisissez tout d'abord la bonne variété, adaptée à la culture en pot, c'est-à-dire une variété colonnaire (qui pousse sur une seule tige) ou naine. C'est indiqué sur l'étiquette.

2. Sélectionnez ensuite un pot adapté : lourd, d'une contenance d'au moins 25 l. Évitez les formes à col étroit car il faudra un jour le changer de pot. Plantez comme pour les autres arbres fruitiers.

3. Tous les ans avant que le sujet ne fleurisse, changez la terre en surface (surfaçage) : sortez le sujet de son pot, grattez la terre, remettez en place et regarnissez de terreau frais.

4. Étêtez toutes les pousses en cours de saison, pour n'en garder que quelques feuilles. Le pommier ne doit pas former de longues pousses en pot.

5. La floraison est décorative. Elle est suivie de jeunes pommes dans la plupart des cas mais il faudra nourrir et bien arroser le sujet par la suite.

6. Récoltez les pommes lorsqu'elles sont bien colorées, mais protégez-les des oiseaux en emballant dans un filet.

EN BREF

- Sur un grand balcon, vous pouvez aussi cultiver un pommier en cordon, une forme qui prend peu de place. Mais il faudra le tailler impérativement, en été et en hiver.
- Le pommier craint les parasites au niveau des racines, même en ville. Pensez à le rempoter tous les 3 ans au plus.
- Un pommier bien nourri et bien arrosé pourra vous donner jusqu'à 5 kg de pommes, mais il faudra une fertilisation régulière pour y parvenir.

Prune

POUR LES GRANDS BALCONS

Si la prune réclame peu de soins, elle demande un très grand pot et pour cela, il faudra avoir la place. Mais rien que sa floraison vaut le coup.

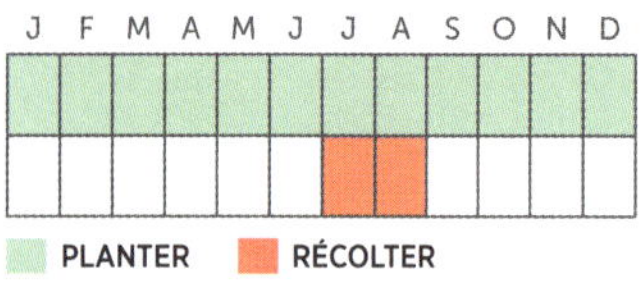

MOYENNEMENT FACILE

2 ANS

1. Installez le prunier dans un pot assez large. Contrairement aux autres fruitiers, le prunier pourra rester dans son pot d'origine pendant 1 an ou 2 et être placé dans un cache-pot.

2. La floraison du prunier est précoce (mars) et prolifique, mais peu de fleurs donneront un fruit, ce qui est normal. Il y a toujours une forte chute des fleurs.

3. Arrosez régulièrement le prunier, en apportant un engrais une fois par mois. Le prunier est un arbre moins gourmand que les pommiers ou les poiriers.

4. Protégez les fruits des oiseaux lorsqu'ils commencent à tourner du vert au bleu (ou au jaune selon les variétés). Il peut encore y avoir, à ce stade, quelques fruits qui tombent.

UN PRUNIER À PART

À feuilles pourpres ou vertes, le prunier myrobolan est un prunier très utilisé en décoration. Ses fruits sont peu abondants par rapport aux autres pruniers, et ne s'emploient que cuits car ils sont acides. Le myrobolan vient très bien en pot et dure longtemps.

5. Récoltez lorsque les fruits deviennent souples au toucher. Les prunes peuvent rester longtemps sur l'arbre mais une fois tombées, elles s'abîment très rapidement.

EN BREF

- Moins populaires que d'autres arbres fruitiers, les pruniers offrent moins de diversité. Les variétés naines existent mais sont moins courantes.
- Le prunier résiste bien à la pollution.
- Choisissez un arbre déjà bien formé plutôt qu'un jeune sujet car la croissance est lente en pot.
- Un prunier en pot vous donnera jusqu'à 1 kg de fruits, plus s'il est cultivé dans une très grande jardinière.

Raisin

VIGUEUR ET GÉNÉROSITÉ

La vigne fait partie des incontournables lorsqu'on a la place. Rien que son feuillage décore mais la plante met facilement à fruit. Il faudra la tailler régulièrement.

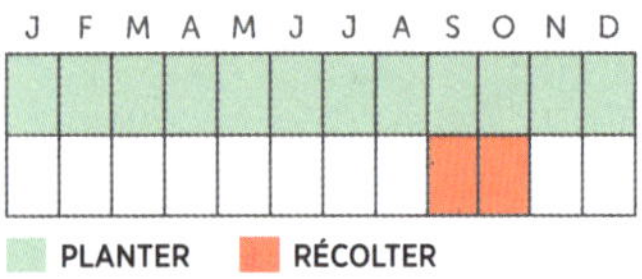

MOYENNEMENT FACILE

1 AN

1. Installez la vigne dans un grand pot ou mieux, dans une jardinière placée au pied d'un mur. Employez un terreau de bonne qualité et un pot muni d'un bon système de drainage.

2. Raccourcissez les pousses vigoureuses qui ne portent pas de grappe, une fois que celles-ci sont formées en mai. Cette taille est optionnelle.

3. Attachez régulièrement la vigne au fur et à mesure que la tige principale s'allonge. Le risque est de voir la tige plier sous le poids des grappes.

4. Si vous aimez peaufiner, retirez au ciseau les grains malformés, pour obtenir une grappe parfaite. Cette opération est aussi optionnelle.

5. Récoltez le raisin lorsqu'il est bien coloré et que le feuillage commence à fatiguer. Protégez des oiseaux en attendant s'il le faut.

6. En mars, taillez la vigne et raccourcissez tout ce qui a poussé l'année passée, pour ne garder que 20 cm de pousse supplémentaire. Cette taille-là est impérative.

EN BREF

- **Attention à choisir une variété à fruit (comme 'Alphonse Lavallée' ou 'Amandin') et non un vieux cep, qui correspond à une vigne à vin : ces vieux plants sont très décoratifs mais sur le plan gustatif, ils sont décevants.**
- **N'hésitez pas à couper toutes les repousses qui naissent depuis le pied de la vigne car ils affaiblissent le reste des tiges.**
- **Un plant de vigne vous donnera de 1 à 3 kg de raisin en pot, et bien davantage dans une grande jardinière.**

LES AUTRES PETITS FRUITS

Bien résistantes au froid, ces variétés sont souvent plus faciles à conserver que les fruitiers classiques, comme le cerisier ou le pêcher. Mais ils n'en demandent pas moins de patience pour donner, car certains ne forment pas de fruit avant 3 ans.

ARONIA
Son jus est réputé pour sa teneur en vitamines et sa saveur rappelle les myrtilles. L'aronia atteint 1 m en pot et offre un feuillage décoratif. Il est idéal pour confectionner une petite haie dans une jardinière.

FRAISE DES BOIS
C'est une version de la fraise à plus petits fruits, mais quel parfum ! La fraise des bois donne peu mais prend peu de place. Installez-la au pied d'une jardinière où vous aurez déjà installé un arbre fruitier comme un pommier par exemple.
Elle se cultive comme les fraisiers.

GOJI
La baie de goji, réputée pour ses qualités nutritionnelles, donne assez peu en pot mais se cultive vraiment facilement. Taillez les grandes tiges pour lui garder un port compact.

AMÉLANCHIER
Proche de l'aronie, son feuillage est plus mat et ses fruits sont plus petits. Ils sèchent sur les tiges et peuvent se consommer comme des fruits secs. L'amélanchier demande des arrosages fréquents, n'aime pas trop la chaleur mais résiste à peu près tous les mauvais traitements.

BAIE DE MAI
Ce fruit acidulé ressemble à une myrtille allongée mais se cueille plus tôt, en mai-juin. La baie de mai ne dépasse pas 50 cm en pot et a un port naturellement compact. Installez-le au nord, surtout dans les régions chaudes, car l'arbuste craint la chaleur.

LES PLANTES AROMATIQUES

Pas de récolte en pot sans herbes aromatiques ! Elles sont tellement variées qu'il y en aura toujours quelques-unes pour vous, même si vous ne bénéficiez pas de conditions optimales.

Les aromatiques saisonnières

Dites aussi annuelles, ces plantes aromatiques ne vivent pas longtemps, souvent pas au-delà de la belle saison. Elles se contentent de peu. Mais comme leur nom l'indique, leur saison est marquée !

	J	F	M	A	M	J	J	A	S	O	N	D
PLANTER			X	X	X	X	X	X	X			
RÉCOLTER					X	X	X	X	X	X		

FACILE

2 MOIS

1. Plantez
Logez le plant dans un trou juste assez grand pour y loger la motte. Si vous plantez au pied d'un autre légume, préférez les petites mottes.

2. Tassez
Calez le plant en appuyant légèrement à la base, surtout si le substrat est sec ou peu dense. Les aromatiques saisonnières comme le basilic ont peu de racines.

3. Arrosez
Trempez le substrat juste après la reprise car les aromatiques annuelles craignent vite le manque d'eau. Tenez ensuite moite, comme pour tout autre légume.

4. Récoltez
Cueillez les feuilles au fur et à mesure de vos besoins. Mieux vaut récolter souvent, quitte à congeler le surplus, car le plant vieillit vite.

5. Taillez
Si le plant commence à former des boutons à fleurs, il ne donnera plus. Ratiboisez-le à 5 cm de haut, afin de le régénérer. Si la saison n'est pas trop avancée, vous pourrez le faire encore une fois.

6. Poursuivez les récoltes
Lorsque le plant dépérit complètement, arrachez-le et jetez-le. Remplacez-le par une aromatique de la saison opposée. Le persil et le basilic, par exemple, peuvent se succéder.

EN BREF

- Le basilic se plante de mai à juillet, le persil de mars à septembre. Les deux peuvent cohabiter dans le même pot.
- Plantez les aromatiques saisonnières au pied d'autres plantes comme un arbre fruitier pour gagner de la place.

LES MEILLEURES AROMATIQUES SAISONNIÈRES

Elles sont toutes de culture facile. Il est parfois plus courant de les trouver sous forme de graines que de plants (sauf pour le persil ou le basilic), ce qui rajoute l'étape supplémentaire du semis.

ANETH
Cette aromatique à feuilles fines est très menue : prévoyez au moins une demi-douzaine de pieds pour obtenir une petite récolte, à congeler.

BASILIC
Il se décline en très nombreuses variétés, dont une à grandes feuilles (pour confectionner des rolls), une autre épicée (thaï, idéale pour relever un plat), une à l'arôme citronné, etc. Craint le froid.

CAMOMILLE
Pour les infusions, cette aromatique est en fait une plante qui vit 2 à 3 ans et se ressème. Floraison décorative.

CERFEUIL
Moins connu que le persil, il est parfait pour l'hiver et prend vraiment peu de place. À semer car se trouve rarement en plants.

MARJOLAINE
Confondue avec l'origan, c'est sa cousine, à l'arôme plus doux et moins piquante. Ne vient qu'en plein soleil.

PERSIL
Le persil plat est plus goûteux que le persil frisé, qui lui est plus décoratif (mais prend mieux la pollution). Tient bien à l'ombre et ne craint que le manque d'arrosage.

STÉVIA
La plante à sucrer est à rentrer en intérieur en hiver car elle est aussi frileuse que le basilic. Ses feuilles s'emploient en infusion, ou moulues.

Les aromatiques pérennes

Elles reviennent d'une année à l'autre et beaucoup sont disponibles même en hiver. Super faciles à cultiver, elles servent out le temps : ce sont vraiment les plantes à installer en priorité sur un balcon gourmand !

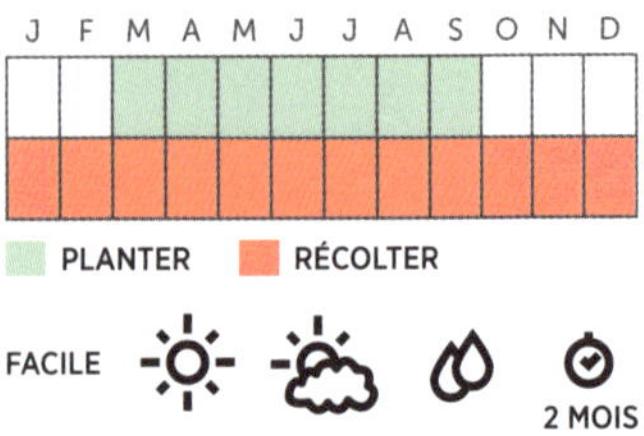

1. Plantez
Installez-le plant dans un pot plus large que haut. Les aromatiques pérennes n'ont pas de racines profondes mais elles s'étendent à l'horizontale.

2. Arrosez
Mouillez le sol afin que le substrat colle aux racines. Par la suite, arrosez les aromatiques avant qu'elles ne flétrissent. Seule la menthe supporte de l'eau dans la soucoupe en permanence.

3. Récoltez
Cueillez les tiges au fur et à mesure de vos besoins, mais n'hésitez pas à récolter davantage et à congeler le surplus, car cela stimule le plant.

4. Observez
La montée à fleur se signale par l'apparition d'épis, parfois discrets. C'est le signe que la plante a fini sa saison et surtout, que son goût devient moins intéressant : coupez !

5. Ratiboisez
Rabattez la touffe à ras pour favoriser l'apparition de nouvelles pousses lorsque la plante a fleuri ou qu'elle a pris un coup de chaud en été. Faites-le aussi en fin d'hiver.

6. Renouvelez
La menthe dure longtemps mais vieillit plus vite si on la laisse monter à fleurs. Pensez à renouveler la terre tous les 2 à 3 ans.

EN BREF

- La menthe comme la ciboulette se contente d'un pot de 5 l. Mettez-la à part car elle envahit tout l'espace disponible.
- Une aromatique pérenne a de moindres besoins nutritifs qu'un légume mais faire cohabiter les deux peut poser souci. Apportez un engrais plus souvent dans ce cas.

LES MEILLEURES AROMATIQUES PÉRENNES

Une fois en place, elles peuvent durer longtemps. Mais pour cela, toutes auront besoin de lumière et d'arrosage. Mieux vaut aussi en changer la terre tous les 2 à 3 ans.

Origan

CIBOULETTE
Fine herbe incontournable, elle est vraiment facile. Elle aime les arrosages réguliers en été. Ses fleurs sont comestibles. Elle disparaît en hiver.

ESTRAGON
Encombrant, il atteint 1,50 m de haut. À choisir après l'avoir senti, car certaines souches n'ont que très peu d'arôme. Valable sur les grands balcons seulement.

FENOUIL
Par exception, il demande un pot profond. Feuillage léger et décoratif. À ne pas confondre avec le fenouil potager (qui forme une « pomme » mais vient mal en pot).

MÉLISSE
Elle est parfois surnommée citronnelle (voir en pages suivantes) et a la même odeur que celle-ci. Attention : elle se ressème parfois un peu trop si on la laisse monter à graine.

MENTHE
Poivrée ou verte, la menthe se décline en de nombreuses variétés, à l'arôme différent. Les menthes vertes sont moins envahissantes que les menthes poivrées, difficiles à garder sous contrôle.

ORIGAN
Il forme une boule de feuillage au printemps puis des tiges qui fleurissent rose. Il vit très longtemps en pot mais mieux vaut le renouveler tous les 5 ans car il finit par vieillir.

LES AROMATIQUES BUISSONNANTES

Vivant aussi longtemps que les aromatiques pérennes, elles forment un petit arbuste. Elles exigent le plein soleil et un substrat bien drainant. Presque toutes sont tuées si elles restent plusieurs jours avec une soucoupe à leur pied.

Sarriette

LAURIER-SAUCE
Toujours en feuilles, il se taille bien et on peut en façonner une forme (en boule par exemple). Il joint l'agréable à l'utile. Craint le froid en région à hivers rudes.

ROMARIN
Comme la menthe, il se décline en plusieurs variétés : n'hésitez pas à les sentir avant achat. Taillez-le en mars ou avril afin qu'il ne prenne pas trop de place car il peut monter à plus de 1,50 m.

SARRIETTE
Pas plus haute que 20 cm, elle aime les emplacements très chauds et ne supporte pas l'ombre. Ses feuilles disparaissent en hiver et il faut la récolter avant.

SAUGE
Pincez-la afin qu'elle garde un port compact. La sauge est toxique pour les plantes vivant à proximité et ne devrait pas être mélangée à d'autres, sauf le romarin et le laurier.

THYM
Très facile à faire pousser, le thym doit être taillé court pour ralentir son vieillissement. Au bout de 5 ans, la touffe doit être remplacée si elle n'a pas été taillée, car elle perd ses feuilles.

VERVEINE CITRONNELLE
Buisson poussant vite, à feuilles allongées et à l'odeur qu'on ne peut confondre avec aucune autre. Se sèche bien après récolte. Le pied craint le froid les premières années.

Index

REMERCIEMENTS

L'auteur remercie Anne pour son aide aux prises de vue.

CRÉDITS PHOTOGRAPHIQUES

Toutes les photos sont de l'auteur, sauf:
Antoine Isambert (Terrasse de Dominique Eraud) : pp. 2, 41, 42, 83, 88, 143.
Fotolia: pp. 10 haut, 11 bas, 21 droite, 39 gauche, 87 bas droite, 97, 118 bas gauche.
Wikimedia : 112 bas milieu, 129 droite.
Stagiflickr : 129 haut gauche.

FOURNISSEURS

Les plantes et le matériel indiqués dans ce livre se trouvent en jardinerie, magasin de bricolage et dans bien d'autres endroits. Toutefois, si vous ne trouvez pas les variétés indiquées dans cet ouvrage, vous pourrez vous les procurer auprès des fournisseurs spécialisés comme les Graines Baumaux (www.graines-baumaux.fr) et la Ferme de Sainte Marthe (www.fermedesaintemarthe.com).

24, rue de Mogador
75009 Paris
Tél. : 01 48 05 03 03
Fax : 01 48 05 02 04
www.editions-ulmer.fr
Rejoignez-nous sur Facebook et Instagram

Réalisation: Guillaume Duprat, Camille Fouché
Suivi éditorial: Raphaèle Dorniol
Impression: Printer Trento, srl
ISBN: 978-2-37922-000-5
N° d'édition : 000-02

Dépôt légal: février 2019
Printed in Italy

FSC www.fsc.org
MIXTE
Papier issu de sources responsables
FSC® C015829